Geschichte des gegenwärtigen Kriegs zwischen Russland, Polen und der Ottomannischen Pforte

Geschichte des gegenwärtigen Kriegs zwischen Russland, Polen und der Ottomannischen Pforte

ISBN/EAN: 9783743468061

Hergestellt in Europa, USA, Kanada, Australien, Japan

Cover: Foto ©ninafisch / pixelio.de

Weitere Bücher finden Sie auf **www.hansebooks.com**

Geschichte des gegenwärtigen Kriegs zwischen Rußland, Polen und der Ottomannischen Pforte.

Mit Kupfern und Landcharten.

Eilfter Theil.

Frankfurt und Leipzig
1771.

Erstes Capitel.

Vertrag zwischen Frankreich und verschiedenen deutschen Staaten. Parlaments-Händel. Berühmtes Edikt in dieser Sache. Ungnade der beyden Herzoge von Choiseul und Praslin. Neue Einrichtungen im Finanz-Wesen und Korn-Handel. Kriegs-Rüstungen zu Wasser; Zustand der Französischen See-Macht; Beschäftigungen der Franzosen in Asien. Fortdaurendes Erdbeben zu St. Domingo. Die Französische Geistlichkeit wendet sich an den König wider die Schriften der neuen Weltweisen, die hiernächst verboten werden. Ehren-Säule für den Herrn von Voltaire. Ausbreitung des Christenthums in Californien, und Eroberung des wichtigen Hafens Monterrei durch die Spanier. Zurüstungen auf den Fall eines Kriegs mit Engelland. Neuer Streit zu Cadix mit dem Englischen Admiral Proby. Ankunft grosser Reichthümer aus Amerika in diesem Hafen. Oeconomische Anstalten des Catholischen Königs.

Vertrag zwischen Frankreich und verschiedenen deutschen Reichs-Ständen.

Der Allerchristlichste König ertheilte durch einen Schluß vom 9ten Julii verschiedenen Reichs-Ständen in Deutschland das Privilegium, daß ihre Einwohner, so sich in Frankreich niederliessen, von dem Erbfall-Recht befreyt, und also in Zukunft vollkommen Meister über ihr Vermögen seyn sollten, mit dem Anhang, daß sie in dem ganzen Königreich mit aller Wohlgewogenheit in Absicht auf ihre Personen und Gewerbe behandelt werden sollten; und ein gleiches wurde den Franzosen in den Reichs-Städten Regenspurg, Cölln, Augspurg, Nürnberg, Worms, Ulm, Speyer, Eßlingen, Nördlingen, Schwäbisch-Halle, Nordhausen, Rothweil, Dortmund, Uberlingen, Friedberg, Heilbrunn, Wetzlar, Memmingen, Lindau, Dünkelspiel, Offenburg und Gengenbach zugestanden, als welche eben die gedachte Freyheit in Frankreich erhalten hatten.

Parlaments-Händel.

In diesem Königreich dauerten noch die bekannte Händel wegen des Herzogs von Aiguillon, und das den 27ten Junii gehaltene Macht-Gericht hatte nicht die Würkung gehabt, sie zu unterdrücken. Das Parlament von Bretagne, das sich des Königlichen Befehls ungeachtet am meisten mit diesem Handel zu schaffen machte, verbot alle Schriften, die von berühmten Sachwaltern zur Vertheidigung des Herzogs heraus kamen, und da es die sämtliche übrige Parlamente des Reichs einzuladen hatte, mit dem Parlament zu Paris gemeinschaftliche Sache zu machen, so begab sich der König, der diese Verbindung als eine aufrührische und der allerhöchsten Gewalt zuwider laufende Sache ansahe, zuerst den 2ten Sept. nach Paris, wo er nach Zusammenberuffung der sämtlichen Kammern aus allerhöchster Gewalt ein Stillschweigen über die gemeldte Sache auferlegte, und da die Parlamenter bey ihrer Widersetzlichkeit, Vorstellungen und Verbindungs-Absichten beharreten, so wurden von Sr. Majestät alle nach den Pariser Parlaments-Sprüchen abgefertigte Acten unterdrückt. Endlich wurde den

7ten

7ten Dec. ein anderes Macht-Gericht gehalten, welchem 180. Personen und unter andern 10. Prinzen vom Geblüt beywohnten, und der König ließ daselbst das berühmte Edikt einschreiben, welches wir hier einrücken müssen, da in demselben Dinge vorkommen, worüber sich ganz Europa verwunderte:

„Ludwig, von GOttes Gnaden König von Frank-
„reich und Navarra, allen gegenwärtigen und
„zukünftigen Unsern Gruß zuvor.„

Merkwürdiges Edikt des Königs in dieser Sache.

„Der in seinen Grundsätzen eben so ungewisse als in seinen „Unternehmungen verwegene Verbindungs-Geist hat nicht nur „der Religion und den Sitten empfindliche Stöße beygebracht, „sondern sich auch in die Berathschlagungen Unserer meisten Par„lamente eingeschlichen. Wir haben mit Augen gesehen, wie „derselbe alle Tage mehrere Neuerungen hervorgebracht, und zu „Grundsätzen Anlaß gegeben hat, die zu einer jeden andern Zeit „und in einem jeden andern Staats-Körper als Triebfedern „zur Störung der offentlichen Ordnung verbannt worden seyn „würden. Wir haben mit Augen gesehen, daß sich die Par„lamente unter dem Schutz gedachter Grund-Sätze wiederhohl„termalen unterfangen haben, ihre Geschäfte zu unterbrechen „und liegen zu lassen; sie haben Unsere Unterthanen durch Ver„zögerung der Justiz, die sie ihnen, kraft Unsers Auftrags, „schuldig sind, das mannigfaltige Ungemach zugezogen, das „Uns Unsere Liebe zu Unserem Volk äusserst empfindlich machte, „und sind auf die Einbildung gerathen, daß sie Uns zwingen „können, ihrem Widerstand nachzugeben. Vormals haben sie „sich mit einander verabredet, ihre Aemter niederzulegen, und „Uns sodann zum größten Widerspruch das Recht streitig ge„macht, sie wieder anzunehmen. Endlich haben sie sich als „Glieder eines einzigen Körpers und eines einzigen Parlaments, „das in drey Classen getheilt, und in verschiedenen Theilen Un„sers Königreichs zerstreut wäre, angesehen. Diese Neuerung,

„welche von Unserem Parlament zu Paris zuerst ausgesonnen, „und nachgehends wieder bepseit gelassen wurde, so oft es ihm „dienlich schien, geht noch bey Unsern andern Parlamenten im „Schwang, und äussert sich in ihren Schlüssen und in ihren „Akten unter dem Namen Untheilbarkeit, gleich als Unsere Par„lamente nicht wissen sollten, daß verschiedene derselben in den„jenigen Provinzen sind, welche ehemals keinen Theil Unsers „Königreichs ausmachten, sondern erst auf allerhand Weise da„zu gekommen sind, daß man sie zu verschiedenen Zeiten ange„ordnet hat, daß Unsere Vorfahren, da sie dieselbe angeordnet, „eines von dem andern unabhängig gemacht, und sie ausser al„ler Verbindung miteinander gesetzt haben, daß sie ihnen Grün„den vorgeschrieben haben, welche Wir oder Unsere Nachfolger „erweitern oder einschränken können, je nachdem es das Beste „Unsers Volks erfordert, und daß ausser den gedachten Grün„zen ihre Schlüsse keine Kraft haben, wann sie nicht durch Un„sern Befehl vollzogen werden. Wann diese Irrthümer nichts „anders wären, als eine kurze Vergessenheit ihrer Pflichten, so „würde es Uns genug seyn, die den 5ten März 1766. ergan„gene Verbote zu erneuren; allein dergleichen Grundsätze neh„men allzusehr überhand, und es zeigen sich alle Tage traurige „Folgen davon. Der Einfall, den Unsere Parlamente gehabt „haben, einander ihre Akten zuzusenden, ihre Wechselseitige Cor„respondenz, und der unbedachtsame Antheil, welchen einige, „ohne die nöthige Kenntniß davon zu haben, durch ihren wech„selseitigen Beytritt an anderer Händeln genommen haben, „könnten zu weiteren Unordnungen Anlaß geben, die mit Schär„fe bestraft werden müßten, wann Wir denselben nicht in Zeiten „vermittelst weiser Maaßregeln zuvor kämen.„

„Ob es gleich mit diesem System noch nicht so weit ge„kommen ist, die so scharf verbotene Unions-Schlüsse zu erneu„ren, würde dessen ungeachtet nicht zu befürchten seyn, daß, „wann Wir diese Grundsätze länger aufwachsen liessen, ohne
„sie

„sie zu Boden zu stürzen, Wir Uns selbst die Ausschweifungen
„zuzuschreiben hätten, welchen sich Unsere Parlamente dereinst
„in Befolgung solcher Grundsätze überlassen könnten? Eine
„der schändlichsten Wirkungen dieses Systems ist, daß man
„Unsere Parlamente beredet, daß ihre Berathschlagungen immer
„mehrere Gewalt bekomme, und schon haben einige, die sich ein-
„bildeten, daß sie mächtiger und unabhängiger geworden wären,
„solche Grundsätze aufgestellt, welche bis daher unbekannt wa-
„ren. Sie haben sich die Repräsentanten der Nation, die
„nothwendige Dollmetscher der offentlichen Willens-Meynun-
„gen des Königs, und die Aufseher über den Gebrauch der öf-
„fentlichen Gewalt und die Erfüllung der oberherrlichen Pflich-
„ten genannt, und gleichwie sie Unsern Gesetzen keine andere
„Kraft zugestehen, als in so ferne sie dieselbe vermittelst freyer
„Berathschlagung angenommen und geweihet haben, so erheben
„sie auf solche Weise ihre Macht bis zu der Unserigen, ja über
„die Unserige, indem sie solchergestalt Unsere Gesetz-gebende Ge-
„walt bloß dahin einschränken, ihnen Unsere Willens-Mey-
„nung vorzutragen, wobey sie sich vorbehalten, deren Vollzie-
„hung zu hintertreiben. Wann Wir, nachdem Wir ihre Vor-
„stellungen mit Gebuld und Güte angehört haben, für nöthig
„erachten, Unsere Gesetze vermög Unserer Befehle einschreiben
„zu lassen, so erheben sie sich wider diesen alten und rechtmäßi-
„gen Gebrauch Unserer Gewalt, und nennen diese Einschreibun-
„gen unrechtmäßige und dem, was sie Grundgesetze der
„Monarchie nennen, zuwider lauffende Abschriften, und
„gehen, wann sie die Ueberbringer Unserer Befehle ihrer Schul-
„digkeit zufolge zu deren Vollziehung anhalten wollen, aus der
„Versammlung weg. Da sie sich bisher vor Unserem Siegel
„auf ihren Büchern gescheuet haben, so haben einige versucht,
„durch Verbot-Schlüsse die Vollziehung derselben zu hindern,
„und wie sie alles in Unserm Namen wider Uns selbst handeln,
„so haben sie sich unterstanden, Unsern Unterthanen den Unge-
„horsam gegen Unsere bekannte Willens-Meynungen als ein

„Gesetz

„Gesetz vorzuschreiben. Wir sind um des Besten Unserer Un-
„terthanen, um des eigenen Besten der obrigkeitlichen Gewalt
„und noch mehr um des Besten Unserer Königlichen Rechte wil-
„len verbunden, diese gefährliche Neuerungen in ihrem ersten
„Keim zu ersticken; ehe Wir sie aber durch Unser Edikt ver-
„bieten, so wollen Wir Unsere Parlamente an die Grund-
„Sätze erinnern, von welchen sie niemalen abweichen müssen.„

„Wir haben Unsere Krone niemand anders zu danken,
„als GOtt. Das Recht, Gesetze zu geben, nach welchen Un-
„sere Unterthanen in Ordnung gehalten und regiert werden sol-
„len, kommt einzig und allein Uns zu, ohne daß Wir hierinn
„von andern abhangen, oder daß sonst jemand etwas dabey zu
„sagen hätte. Wir legen dieselbe Unsern Parlamentern vor,
„um sie zu untersuchen, auseinander zu setzen, und in Vollzie-
„hung zu bringen. Wann diese in ihrer Verfassung einen An-
„stand finden, so haben Wir ihnen erlaubt, diejenige ehrerbie-
„tige Vorstellungen zu machen, die ihnen gut dünken. Wir ha-
„ben sie mehrmalen versichert, daß Wir alles anhören wollen,
„was sie für Unsere Unterthanen und für Unsern Dienst vor-
„theilhafter erkennen würden.„

„Das Verlangen, das Wir haben, die Gegenstände ken-
„nen zu lernen, die Unserer Wachsamkeit entgehen könnten,
„wird Uns allezeit ein Beweggrund seyn, sie bey dem Gebrauch,
„Uns Vorstellungen zu machen, auch ehe Unsere Verordnungen
„eingeschrieben werden, zu handhaben, ohnerachtet ihnen der
„verstorbene König, Unser vielgeehrter Herr Ur-Groß-Vater,
„solches nicht gestattet hat, als bis dieselbe ohne Widerrede ein-
„geschrieben waren.„

„Allein dieser Gebrauch, in welchem sie zur Zeit Unserer
„Minderjährigkeit wieder eingesetzt worden sind, dieser Gebrauch,
„der eine weise Regierung anzeigt, welche bloß durch Billigkeit
„und

„und Gerechtigkeit regieren will, Uns in den Händen Unserer
„Diener kein Recht zu Widersetzlichkeiten seyn. Ihre Vorstel-
„lungen haben Gränzen, und können Unsere Gewalt nicht
„schmälern. Nachdem Wir dann die Gründe, so Wir haben,
„und die Wir ihnen manchmal aus Staats-Ursachen nicht
„entdecken können, mit denjenigen Gründen verglichen haben,
„welche sie abhalten, ungehindert zur Einschreibung Unserer
„Willens-Meynungen zu schreiten; so beharren Wir in der
„Gesinnung, sie vollstrecken zu lassen. Wir fordern nicht von
„ihnen, daß sie Stimmen geben sollen, die auf keinerley Weise
„mit ihren besondern Gesinnungen übereinkommen würden; son-
„dern befehlen entweder selbst, oder durch diejenige, so Unsere
„Stelle vertreten, Unsere Gesetze einzuschreiben. Diese Gesetze
„müssen ohne allen Widerspruch vollzogen werden, und es ist
„eine Pflicht Unserer Parlamente, Sorge zu tragen, daß sie
„von allen Unsern Unterthanen ohne Unterschied beobachtet wer-
„den, und diejenige zu bestraffen, die sich unterfangen sollten,
„denselben nicht zu gehorchen.„

„Wie also Unsere Diener andern Unterthanen ein Exem-
„pel des Gehorsams geben sollen, so werden sie eben dadurch
„ihrem obrigkeitlichen Carakter ein desto grösseres Ansehen ver-
„schaffen, einem Carakter, den sie nicht durch ein Grund-Gesetz
„empfangen haben, sondern den sie vermittelst der Verordnun-
„gen, die Wir nach Unserm Belieben machen, einig und allein
„von uns bekommen. Um dieser und anderer Ursachen willen,
„die Uns hierzu veranlassen, haben Wir mit Uebereinstimmung
„Unseres Raths, und mit Unserem guten Wissen, aus voll-
„kommener Macht und Königlicher Gewalt, durch gegenwärti-
„ges beständiges und unwiderrufliches Edikt gesagt, verordnet
„und befohlen, sagen, Verordnen und befehlen auch, und es ist
„Unser Wille und Meynung, was nachstehet:

„I. Wir verbieten Unsern Parlaments-Höfen, sich der Aus-
„drücke Einheit, Untheilbarkeit, Classen und anderer gleich-

"lautenden Worte zu bedienen, die etwas einfaches anzeigen, "und wodurch sie zu erkennen geben wollen, daß sie alle zusam"men nur ein einiges in mehrere Classen getheiltes Parlament "ausmachen.

„Wir verbieten ihnen, ausgenommen in denjenigen Fällen, "die bereits in Unsern Verordnungen bestimmt sind, Pappiere, "Titel, gerichtliche Vorgänge, Aufsätze, Vorstellungen, Schlüs"se und Stimmen, die sich auf die Angelegenheiten beziehen, "welche entweder auf Unsern Befehl oder vermöge ihrer Gerichts"barkeit an sich gebracht worden, an Unsere übrige Parlamente "abzuschicken.

„Gleicherweise untersagen Wir ihnen, Pappiere, Titel, "gerichtliche Vorgänge, Aufsätze, Vorstellungen, Schlüsse und "Stimmen, die von andern Parlamenten ausgefertigt oder be"kannt gemacht worden sind, in ihren Canzleyen niederzulegen, "und sich darüber zu berathschlagen, und befehlen ihnen, bey "Strafe des Verlusts ihrer Aemter, die gedachte Pappiere "Uns zuzustellen.

II. Wir befehlen, daß Unsere Parlaments-Diener, in "Gleichförmigkeit der Parlaments-Ordnungen, Unsern Unter"thanen zu Unserer Erleichterung die Gerechtigkeit wiederfahren "lassen, die wir ihnen schuldig sind, und dieses ohne andere "Verzögerungen, als die in den gedachten Ordnungen vorge"schrieben sind. Demnach verbieten Wir ihnen, um einer Be"rathschlagung oder geschehenen Sache willen, ihre Geschäfte "liegen zu lassen, oder dieselbe zu unterbrechen, und zur Zeit "der Gerichts-Verhöre in den Versammlungs-Kammern zu"sammen zu kommen, wann es nicht eine unumgängliche Noth"wendigkeit erfordert, die von dem ersten Präsidenten, an wel"chen Wir Uns halten, dafür erkannt wird; und dieses bey "Strafe des Verlusts ihrer Aemter.

„III.

„III. Bey eben dieser Straffe verbieten Wir ihnen, um
„einer Berathschlagung oder gemeinschaftlichen Entschliessung
„willen, nach vorgängiger Vereinbahrung oder Verabredung,
„Entlassungen zu ertheilen, wobey wir jedoch auf der andern
„Seite nicht hindern wollen, daß sie ausser der Zeit der Ge-
„richts-Verhöre der grossen Kammer so zahlreich und so lange
„zusammen kommen, als es die Geschäfte erfordern, worüber
„sie sich zu berathschlagen haben.

„IV. Wir gestatten ihnen neuerdingen, Uns vor Einschrei-
„schreibung Unserer Edikte, Erklärungen und offene Briefe
„darüber zuzuschicken, je nachdem sie es am zuträglichsten für
„das Beste Unserer Unterthanen und Unsers Dienstes erachten
„werden, doch geben Wir ihnen zugleich auf, alles dasjenige
„wegzulassen, was nicht mit der Ehrerbietung, die sie Uns schul-
„dig sind, bestehen kan.

„Wann Wir dann, nachdem Wir sie angehöret haben,
„so viel Wir für nöthig erachten werden, ihre Anmerkungen
„kennen zu lernen, und von der Wichtigkeit derselben zu urthei-
„len, auf Unserer Willens-Meynung beharren, und die obge-
„dachte Edikte, Erklärungen und offene Briefe in Unserer Ge-
„genwart oder durch die Ueberbringer Unserer Befehle eingeschrie-
„ben seyn werden, so verbieten Wir ihnen, einen Schluß ab-
„zufassen, oder irgend eine Stimme zu nehmen, die dahin
„zielen könnte, die Vollziehung der gemeldten Edikte zu hindern
„oder zu verzögern.

„V. Gleichergestalt verbieten Wir einem jedweden, der den
„Vorsitz bey den Versammlungen gehabt hat, dem Ueberbrin-
„ger Unserer Edikte, und überhaupt jedermann, irgend einen
„Entwurf zu den gedachten Schlüssen und Stimmen zu unter-
„schreiben, wie auch allen Kanzlern, Anwälden und andern
„Vorstehern, Abschriften und Auslegungen von dergleichen

„Schlüs-

„Schlüssen und Stimmen zu verfertigen, und zu unterzeichnen, „ingleichem allen Gerichtsdienern, Stadtknechten und Vögten „oder andern, denen es aufgetragen werden dürfte, die gedach„te Schlüsse und Stimmen bekannt zu machen und zu vollstre„cken, bey Verlust ihrer Aemter, und bey Straffe als Ue„bertreter Unserer Befehle eingezogen und behandelt zu wer„den.

„Auch befehlen Wir Unsern lieben und getreuen Räthen „(denen Gens du Roi) welche Unsern Parlaments-Hof von Pa„ris ausmachen, daß sie dieses gegenwärtige Edikt vorlesen, und „einschreiben lassen, auch Sorge tragen sollen, daß dasselbe „nach seiner ganzen Form und Innhalt gehalten und beobach„tet werde. Daran geschiehet Unser Wille und Meynung, „und damit solches alles zu allen Zeiten gültig seye, so haben „Wir Unser Siegel beydrucken lassen. Gegeben zu Versailles „im December des Jahrs nach Christi Geburt 1770. und des „56sten Unserer Regierung.„

du Maupeu.

Besiegelt mit dem grossen Siegel, mit grünem Wachs, und Schnüren von rother und grüner Seide.

(unterschrieben)   Ludwig.
(weiter unten)   Phelippeaux.

Die Parlaments-Herren waren über dieses Edikt äusserst betreten, indem hierdurch unvermuthet die ganze Art und Weise, womit Sie bisher ihren Kammern zu Werke gegangen waren, abgeändert wurde, und hielten es für Schande, dasselbe einzuschreiben. Sie machten daher dem König wiederholte Vorstellungen; allein sie waren alle vergebens; der Monarch wollte seine Befehle befolgt wissen, und sie entschlossen sich, eher

ihre

Polen und der Ottomannischen Pforte. 13

ihre Aemter, ihr Vermögen, und wann es nöthig wäre, selbst das Leben zu verlieren, als sich zum Ziel zu legen.

Indem die ganze Französische Nation mit Ungebuld erwartete, was diese für sie so wichtige Sache für ein Ende nehmen würde, so ereignete sich ein Zufall, der das allergröste Aufsehen machte. Den 24ten December Vormittags um 11. Uhr erhielt der Staats-Minister und Sekretär Herzog von Urilliere von dem König Befehl, sich alsbald nach Versailles zu dem Herzog von Choiseul zu begeben, und stellte ihm ein Schreiben Sr. Majestät zu, welches, wie man sagt, verschiedene Beschuldigungen enthielt, warum Sie Sich entschlossen hätten, ihn auf sein Schloß Chanteloup unweit Tours zu verweisen, mit Befehl, auf der Stelle sein Amt als Staats-Sekretär und Ober-Post-Aufseher nieder zu legen, und von nun an keine weitere Befehle in seiner Statthalterschaft von Touraine zu ertheilen, samt dem Zusatz, daß, wann die Achtung nicht wäre, welche die Herzoginn von Choiseul verdiente, er nicht dahin verwiesen werden würde.

Ungnade des Herzogs von Choiseul,

Als der Herzog von Choiseul dieses Schreiben erhielt, so sagte er, daß er es schon seit 14. Tagen erwartet hätte. Er schloß sich hierauf eine halbe Stunde mit dem Herzog von Urilliere ein, um ihm die Pappiere seiner verschiedenen Aemter zuzustellen. Da ihm der Herzog gesagt hatte, daß er innerhalb 24. Stunden abreisen, und zu Paris niemand als seine nächste Anverwandte besuchen sollte, so schrieb er an den König, ihn zu bitten, daß er ihm erlauben möchte, seine Abreise bis auf den Donnerstag zu verschieben, um einige Angelegenheiten in Richtigkeit zu bringen, allein Se. Majestät liessen ihm sagen, er sollte den folgenden Tag als den 25sten bis Mittag ausser Paris seyn.

Von dem Herzog von Choiseul begab sich der Herzog von Urilliere nach Paris, um dem Herzog von Praslin einen blossen Sigill

und des Herzogs von Praslin.

Der gedachte Ober-Einnehmer hatte indessen allen seinen *Neue Einrich-* Fleiß auf bessere Einrichtung der Königlichen Finanzen, die in *tung im Fi-* ziemlicher Unordnung waren, auf Bereicherung der Schatz- *nanzwesen,* Kammer und Erleichterung derselben in Ansehung der unermeßlichen Summen, welche alle Jahre bloß auf die Zinse der zu verschiedenen Zeiten aufgenommenen Gelder verwandt werden mußten, gerichtet. Die Zinse des öffentlichen Stadt-Hauses zu Paris allein, das ist, von denen auf dessen Einkünfte aufgenommenen Geldern, beliefen sich jährlich auf 70. Millionen Livres. Es war daher unumgänglich nöthig, einige neue Auflagen zu machen, welche zwar beschwerlich waren, aber zum gemeinen Besten abzweckten, und es war kein Amt oder Bedienung, auch von den angesehensten, das nicht einem Beytrag unterworfen wurde, wann der Besitzer dasselbe nicht verlieren wollte.

Es war nicht weniger nöthig, die Theurung des Getrey- *und Korn-* des, und den Unordnungen, die bey diesem Handel im *Handel.* Schwang giengen, so viel möglich abzuhelfen. Schon hatte sich das Mangel-leidende Volk in einigen Landschaften empört, und verschiedene Märkte geplündert. Der König befahl deswegen, daß die Ausfuhr des Getreydes aus dem Königreich verboten, dagegen die Einfuhr in dasselbe, wie auch der Verkauf von einer Provinz in die andere, welcher bis auf den August 1770. verboten gewesen war, freygelassen werden sollte. Um das Geld so viel möglich zu sparen, so ließ der König in diesem Jahr kein Lager zur Uebung der Kriegs-Völker veranstalten, indem man dasselbe zu ernstlicheren und wichtigeren Kriegs-Rüstungen nöthig hatte, die der Hof machen mußte, wann es etwann zu einem Krieg zwischen Spanien und Groß-Brittannien wegen der Insel Falckland käme. Es wurde *Kriegs-Rü-* demnach in allen Häfen des Königreichs und vornemlich zu *stungen zu* Orient mit allem Eifer an Absendung eines Geschwaders von *Wasser.* 6. Kriegs-Schiffen nach Ost-Indien gearbeitet, woraus der Groß-

Brittan-

Brittannische Hof einigen Verdacht schöpfte, der jedoch wieder aufhörte, als man erfuhr, daß die gedachte Schiffe nicht wider dessen Besitznehmungen in Asien, sondern zur Besitznehmung der Insel Madagascar bestimmt wären, von welcher die Franzosen beträchtlichen Vortheil zu ziehen hofften.

Zustand der Französischen See-Macht. Die Französische See-Macht war damals in einem bessern Zustande, als sich diejenige einbilden mochten, welche wußten, wie sehr dieselbe in dem letzten Krieg zu Grunde gerichtet worden wäre. Dann sie bestund aus 78. Schiffen von der Linie von 50. bis 116. ingleichem 51. Fregatten von 45. bis 50. und 11. Schebecken von 12. bis 20. Canonen. Bey dem allem wurde fortgefahren neue Kriegs-Schiffe zu bauen, und die emsige Nation zog mitten unter so vielen innerlichen Unruhen immer beträchtliche Vortheile.

Anpflanzung verschiedener fremden Produkte in den Französischen Besitzungen, besonders auf der Insel Frankreich. Sie beschäftigte sich unaufhörlich mit Anpflanzung fremder Produkte, als z. Ex. des Coffee und Zuckers, in ihre Amerikanischen Besitzungen, und nun glückte es ihr auch mit den Gewürz-Nelken und Muscat-Nüssen, auf der Asiatischen Insel Frankreich durch den Herrn von Cherri. Dieser reyßte mit einem kleinen Fahrzeug von 22. Mann von gedachter Insel nach einer der Moluckischen Inseln ab, gab sich für einen Spanier aus, und wußte einen von den dortigen Insulanern auf seine Seite zu bringen, der ihm eine andere Insel anzeigte, welche einem grossen König gehörte, der ein Feind der Spanier wäre. Er begab sich dahin, und ließ sich als einen Gesandten des Königs von Frankreich vorstellen, bot dem Indianischen Prinzen die Freundschaft und Verbindung seines Monarchen an, und verehrte ihm 200. Flinten samt Kugeln und Pulver. Der König wollte ihm eben so viel Gold dafür geben, allein der Herr von Cherri gab vor, er dürfte nichts annehmen, ausser einigen Pflanzen von Gewürz-Nelken und Muscat-Nüssen. Sogleich ließ ihm der König 10000. derselben zustellen, mit 6. Personen, die sich am besten auf den Bau dieser Pflanzen verstunden. Nachdeme der Französische Officier auf solche Weise erhalten hatte, was er wollte, so kehrte er er voll Freuden auf die Insel Frankreich zurück, und brachte also dahin, was man seit langer Zeit gewünscht hatte, und nicht bekommen können.

So erfreulich jedoch die Nachrichten waren, die aus Asien einliefen, so betrübt waren die Amerikanische Berichte. Die reiche Insel St. Domingo war durch das Erdbeben beynahe ganz zu Grunde gerichtet, und es gab daselbst so boshafte Leute, daß sie die Schwarze verleiteten, sich wider die weissen Einwohner zu empören. Diese sollten in der Nacht vom 10ten Junii allesamt niedergemacht werden, allein die Zusammenverschwörung wurde noch zu gutem Glück entdeckt, und die vornehmste Mitschuldige bestraft. Vom 3ten Junii bis den 23. Julii hatte man daselbst 367. Erdstösse bemerkt, bey deren einem die Einwohner glaubten, die Insel würde in 2. Theile zertheilt werden. Man schickte den elenden Insulanern sogleich von den benachbarten Französischen Inseln und aus Frankreich selbst allerhand nothwendigkeiten, um ihnen beyzuspringen, und gab sich hierauf alle Mühe, die Insel wieder in ihren vorigen blühenden Zustand zu versetzen.

Entdeckte Zusammenverschwörung, und fortdaurende Erdbeben zu St. Domingo.

Wie verschieden die Denkungs-Art der Menschen und ihre Gesinnungen seyen, davon konnte man eine Probe zu Paris sehen. Die versammlete Geistlichkeit hatte dem König 20. Millionen zu dem gewöhnlichen freywilligen Geschenk bewilliget, wofür sie sich durch eine nachdrückliche, gottseelige und wohlgegründete Bittschrift ausbat, Seine Majestät möchten aus allerhöchster Gewalt der Frechheit der neuern Weltweisen Einhalt thun, von welchen einige ihre gottlose Versuche zum Umsturz der Religion auf den höchsten Gipfel des Unsinns trieben, indem sie die ehrwürdigste Artikel derselben streitig machten, der allerheiligsten Geheimnisse spotteten, und sich über die Kirchendiener lustig machten. Der König nahm die Bittschrift an, und befahl, es sollte diesem Unfug, der in Frankreich mehr

Die Französische Geistlichkeit bittet den König den Religionsspöttereyen der neuen Weltweisen Einhalt zu thun.

Der Kriegsgeschichte XI. Th. C *als*

deren gottlose **als an andern Orten eingeriffen hatte, gesteuret werden, wie**
Bücher hier-**dann auch kurz darauf verschiedene Bücher der ungläubigen und**
nächst verbo-**falschen Weltweisen verboten wurden.**
ten werden.

Ehren-Säule　　Zu gleicher Zeit wurde zu Paris von einer Gesellschaft ge-
für den Herrn lehrter Leute beschlossen, dem Herrn von Voltaire eine Ehrensäu-
von Voltaire. le aufzurichten, um das Angedenken dieses so berühmten Gelehrten zu verewigen, ohnerachtet er einer von denjenigen war,
welche ihre fliessende und anmuthige Feder wider alles, was noch
so heilig und verehrungswürdig ist, gebrauchten. Voltaire
würde unstreitig vor allen andern Gelehrten eine solche Probe
der Hochachtung seiner Landsleute verdienen, wann er sich nicht
zu denjenigen Ausschweifungen hätte dahin reissen lassen, welche
desto gefährlicher wurden, da er dieselbe mit unnachahmlicher
Schönheit und Annehmlichkeit der Schreibart der ganzen Chri-
stenheit mittheilte, und diejenige, so sich nicht wohl vorsahen,
durch die äusserliche Reitzungen derselben verführte, Grundsätze
einzusaugen, die wider ihr ewiges Heyl und Seeligkeit liefen,
und eine Denkungsart hervorbrachten, welche diejenige, so
sich blindlings hintergehen lassen, zu allen Ruchlosigkeiten führet.

Die Spanier　　Indem jedoch das Christenthum von einigen verblendeten
nehmen Besitz Schriftstellern in Europa bestritten wurde, so breitete es sich
von dem Hafe nach und nach in den entferntesten Gegenden aus. Der Hof zu
Monterrei
in Californie. Madrit wandte in den letzten zwey Jahrhunderten unermeßli-
che Kosten auf, die westliche Küste von Californien durch die
Süd-See kennen zu lernen, und den wichtigen Hafen Monterrei in Besitz zu nehmen. Endlich erreichte es in diesem Jahr
seinen Endzweck. Nachdem in den Monaten Jenner und
März die nöthige Schiffe und Mannschaft zu Wasser von
dem Vorgebirge des Heil. Lukas, und zu Lande von der Besatzung zu Loreto abgeschickt worden waren, so vereinigten sie
sich in dem Hafen zu St. Diego unter dem 32sten und einem halben Grad der Breite. Von da giengen die Spanier
zu

zu Lande bis zu dem 37sten Grad 42. Minuten, indem sie glaubten, daß sie daselbst das gewünschte Monterrei finden würden, dem die Erdbeschreiber diese Lage angewiesen hatten. Allein da sie sich betrogen fanden, so kehrten sie nach St. Diego zurück. Auf erhaltene neue Verhaltungs-Befehle machten sie sich im April neuerdingen auf den Weeg, und langten die Völker den rôten und die Schiffe den 31ten des gedachten Monats glücklich zu Monterrei an. Im Monat Junius nahmen sie hierauf zum Vergnügen der zahlreichen Indianischen Einwohner förmlichen Besitz, setzten eine Mißion dahin, und liessen eine gute Besatzung mit hinlänglichem Vorrath für beyde auf ein Jahr zurück. Die Mißionarien wußten die Christliche Religion so gut auszubreiten, daß sie bis in das Innere des Landes hinein kamen, und eine grosse Menge Volks bekehrten, und im October wurden andere 30. Geistliche samt einer Verstärkung für die Besatzung und einer grossen Menge Lebensmittel dahin abgeschickt. *Wo sie das Christenthum ausbreiten.*

Der Catholische König empfieng die Nachricht von dieser glücklichen Begebenheit mit grosser Freude, zu einer Zeit, da eben viele Schiffe nacheinander mit grossen Reichthümern für Rechnung des Königs und verschiedener Privat-Personen aus Amerika anlangten.

Der General O-Relly, der aus Louisiana zurück gekommen war, nachdem er die dortige Unruhen gestillet, und im Namen des Königs Besitz von dieser Provinz genommen hatte, suchte um eben diese Zeit in Spanien den von ihm gemachten Entwurf auszuführen, wodurch die Spanische Kriegs-Völker um 20000. Mann vermehrt wurden, ohne den Feldern die so nöthige Arbeitsleute zu nehmen. Dieser Entwurf gieng dahin, 300. Mann von jedem Regiment der Landvölker zu nehmen, und sie unter die ordentliche Völker zu stecken, jedoch mit Erlaubniß, 4. Monate in den Dörfern zu bleiben. wobey sie nichts destoweniger *Vermehrung der Spanischen Kriegs-Macht auf den Fall eines Kriegs mit Engelland.*

C 2

die Inful Falk-
land von den
Spaniern
weggenommen.

den ganzen Sold ziehen sollten. Es war um so nöthiger, die Land- und See-Macht in einem furchtbaren Stand zu erhalten, da ausser denen Streitigkeiten wegen der Manillischen Lösegelder und andern Händeln mit dem Londner Hof, die schon berührte Wegnahme der Insel Falkland zu neuen und ernstlichen Mißhelligkeiten Anlaß gab, woraus ganz Europa einen unvermeidlichen Krieg prophezeyte. Die umständliche Nachricht davon überbrachte die Fregatte St. Catharina, die den 6ten Sept. zu Cadix einlief, und wurde so geheim gehalten, daß ihr Capitain, der Herr von Rubalcaba, nicht einmal erlaubte, daß die Zollbediente die gewöhnliche Aussuchung thun, oder jemand von seinen Leuten an das Land gehen durfte. Nachdem sie hierauf den 14ten durch den Stadthalter von Buenos Ayres weitere Verhaltungs-Befehle erhalten, und sich viele frische Lebensmittel hatte an Bord bringen lassen, so seegelte sie den 16ten wieder nach Amerika ab. Mit dieser Fregatte war auch eine andere, der Fleiß genannt, unter der Anführung des Capitains Mariaga, der den Hafen Egmont in Besitz nahm, und die Engelländer daraus vertrieb, angelangt, und diese blieb zu Cadix, allwo einige Tage zuvor noch ein anderer

Streit zu Ca-
dix mit dem
Englischen
Admiral
Proby.

Streit mit den Engelländern vorgefallen war. Es liefen zwey Englische Kriegs-Schiffe in diesen Hafen ein, die sich mit drey andern unter dem Admiral Proby vereinigten. Der Stadthalter ließ dem Admiral sagen: er sollte die gedachte zwey Schiffe nicht Anker werfen lassen, weil nicht mehr als drey in dem Hafen stehen könnten. Auf dieses zeigte Proby einen Auszug des Friedens-Vertrags zwischen Spanien und Engelland, und erklärte dem Stadthalter, wann er ungeachtet dieses Vertrags Befehl hätte, nicht mehr als drey Kriegs-Schiffe einlauffen zu lassen, so sollte er es ihme zu wissen thun. Allein da dieses nicht geschahe, so blieben alle fünf Schiffe in dem Hafen zu Cadix vor Anker liegen, bis und dann sie nachgehends ausliefen, in dem Mittelländischen Meer zu kreutzen, wozu sie bestimmt waren.

Ausser

Polen und der Ottomannischen Pforte.

Auſſer andern groſſen Reichthümern, welche aus dem Spa- | Groſſe Reich-
niſchen Amerika nach Europa kamen, hatte die einzige Flotte | thümer aus
von Vera-Crux, die den 22ten Auguſt zu Cadix einlief, über | Amerika.
15. Millionen allein an Silber nebſt andern Waaren und Koſt-
barkeiten mitgebracht, wodurch die Königliche Schatz-Kammer
immer mehr bereichert, und alſo in den Stand geſetzt wurde,
einen Krieg auszuhalten. Man rüſtete in der Eil alle Kriegs- | Spaniſche
Schiffe aus, die in 50. Schiffen von der Linie, 38. Fregatten, | See-Macht
14. Schebecken, 4. Packet-Booten, und 8. Bombardier- | und weitere
Schiffen beſtunden, welche 4126. Canonen und 43370. Mann | Kriegs-Rü-
am Bord hatten. Man ſchickte nach Amerika, auf die Ca- | ſtungen.
nariſche Inſeln und nach Majorka anſehnliche Verſtärkungen
an Völkern mit Geſchütz und anderm Kriegs-Vorrath ab, zu
welchem Ende von dem Catholiſchen Hofe viele Fracht-Schiffe
in Sold genommen wurden. Man zählte bereits zu Havanna,
Mexico uud Chartagena in Weſt-Indien drey Hauffen von
20000. Mann ordentlicher Kriegs-Völker, auſſer den Land-
Soldaten. Kurz, es wurden alle Anſtalten zu der tapferſten
Gegenwehr gemacht, beſonders zu Cadix, deſſen Veſtungswerke
ſowohl als auch die ohnehin zahlreiche Beſatzung anſehnlich vermehrt wurden, wie dann Spanien 92000. Mann Fuſvolks und
12000. Mann Reuterey auf den Beinen hatte. Man verwunderte ſich, wie Spanien in ſo wenigen Jahren nach dem letzten
Krieg eine ſo groſſe See- und Land-Macht zuſammen gebracht
hätte, allein es war leicht zu begreiffen, da es ſo groſſe Schätze aus Amerika bekam, daß das Geld, worauf bey einem
Krieg das meiſte ankommt, im Ueberfluß vorhanden war.

Deſto geringer war der Ueberfluß an Getreyde, indem zu | Getreyd-
der Zeit, als der ganze Ueberreſt von Europa durch gewaltige | Mangel.
Regen und Ueberſchwemmungen ungemein groſſen Schaden litte,
eine auſſerordentliche Dürre in Spanien herrſchte, ſo daß die
Erndte nicht zum beſten ausfiel; doch wurde es aus andern
Staaten hinlänglich verſehen. Der Catholiſche König mäßigte

Oekonomi-
sche Anstalten
in Spanien.
den Pracht der Grossen, drang mit dem grösten Eifer auf die Handlung, und schafte das Vorurtheil ab, daß sie adelichen Personen nicht anstünde, befahl eine neue Zählung seiner Unterthanen vorzunehmen, um die Auflagen desto billiger darnach einrichten zu können, und ließ alle goldene und silberne Münzen,

Königliche
Gesellschaft
zu Bergara in
Guipuzcoa.
die zu leicht waren, umprägen; auch kam unter Seiner Allerhöchsten Aufsicht die Königliche Gesellschaft der Freunde des Vaterlandes zu Bergare in der Provinz Guipuzcoa, die sich vornemlich mit dem Ackerbau, den nützlichen Künsten, den schönen Wissenschaften, und den Manufakturen beschäftiget, immer mehr und mehr empor.

Zweytes Capitel.

Neutralität und Kriegs-Rüstungen des Königs von Portugall. Wiedereröfnung der dortigen Nuntiatur; neue Einrichtung einiger Closter-Orden zum Besten der Wissenschaften. Graf von Oeyras zum Marquis von Pombal ernannt. Innerliche Uneinigkeiten in Engelland, und dessen Amerikanischen Colonien. Feuersbrunst zu Portsmouth. Kriegs-Rüstungen wieder Spanien wegen der Insel Carkassa. Vorfälle in Asien, und in Amerika. Eröfnung des Gros-Brittannischen Parlaments. Gesinnungen der beyden Kammern, und der Nation. Kriegs-Rüstungen der Republik Holland; deren Bereicherung.

Neutralität
und Kriegs-
Rüstungen
des Portugie-
sischen Hofs.
Von Portugall hatte der Madriter-Hof nichts zu befürchten, dann es erklärte sich sogleich auf die erste Nachricht von denen so wichtigen Streitigkeiten zwischen Spanien und Engelland für neutral, wobey es jedoch unterließ, sowohl seine Land- als See-Macht zu vermehren, um dieselbe in einen furchtbaren Stand zu setzen, zu welchem Ende die nöthige Verhaltungsbefehle an dessen Stadthalter in Amerika, samt einigen Verstärkungen an Völkern und Kriegsvorrath abgeschickt wurden.

Da

Da hierndchst der Allergetreueste König erfuhr, daß der **Wieder-Er-**
Pabst den Don Paolo Caravalho, einen Bruder des Grafen **öfnung der**
von Oeyras, zum Cardinal und Erz-Bischoff von Evora er- **Päbstlichen**
nannt hätte, so erlaubte er, daß die Nuntiatur zu Lisabon wie- **Nuntiatur zu**
der eröfnet werden dürfte, und ertheilte dem neuen Nuntius **Lissabon.**
eben die Rechte und Privilegien, die der Cardinal Acciajuoli
genossen hatte, weswegen folgendes Edikt bekannt gemacht
wurde.

„Ich Don Joseph von GOttes Gnaden König von
„Portugall und Algarbien, lasse mir gefallen,
„meinem Kammer- und Hof-Gericht folgenden
„Schluß mitzutheilen."

„Es ist die Zeit gekommen, die Wiederherstellung der Ge-
„meinschaft zwischen meinem Hof und dem Hof zu Rom anzu-
„kündigen, um mit Vorbehalt der Gesetze, löblichen Gebräuche
„und Privilegien meiner Königreiche die für diesen gehörige Ge-
„schäfte zu Ende zu bringen; und nachdem Ich die Vollmach-
„ten, die Mir von Seiten des Apostolischen Nuntius überreicht
„worden sind, untersucht habe, so habe Ich ihme hierauf durch
„ein in diesem Gerichte ausgefertigtes Schreiben zu wissen ge-
„than, daß er nach dem wesentlichen Innhalt desselben die Nun-
„tiatur wieder eröfnen könne, an welche hierndchst alle vor die-
„ses Gericht gehörige Geschäfte verwiesen werden sollen. Zu
„dem Ende habe ich an alle Prälaten, Erz-Bischöffe, Bischöf-
„fe und Ordens-Geistliche andere gleichlautende Briefe abgehen
„lassen, welche von dem Staats-Minister und Sekretair Gra-
„fen von Oeyras unterzeichnet sind, und die eben sowohl gelten
„sollen als die Originale."

„Mein Kammer- und Hof-Gericht vollziehe also diese Mei-
„ne Entschliessung, durch Bekanntmachung der nöthigen Edikte,
„damit

"damit jedermann davon wissen möge, wobey Ich aus billigen
"Gründen die Wirkungen meiner Königlichen Schlüsse, die den
"4ten August 1760. ergangen sind, aufhebe. Gegeben im Pal-
"laſt Unſerer Lieben Frauen den 23ten Auguſt 1770.

"Damit dieſes Edikt jedermann bekannt werde, ſo Ver-
"ordne und befehle ich, daß es gedruckt, und an den gewöhnli-
"chen Orten, wo die Befehle des Hofs kund gemacht werden,
"angeſchlagen werden ſollt."

Liſabon, den 25. Aug. 1770.

Auf Befehl Seiner Majeſtät

Anton Peter Vergolini.

*Neue Ein-
richtung ei-
nes Kloſter-
Ordens zum
Beſten der
Wiſſenſchaf-
ten.*

Zu gleicher Zeit wurde dem neuen Nuntius Monſignor
Conti von Seiten des Hofs alle nur erſinnliche Ehre bewieſen.
Auch wurden zwey Päbſtliche Schreiben bekannt gemacht; das
eine betraf die Errichtung eines neuen Bisthums zu Beja, und
das andere die Unterdrückung von 9. Klöſtern regelmäßiger Chorherren des Heil. Auguſtins, deren Einkünfte dem Kloſter zu
Mafra angewieſen wurden, worüber der König das Patronat-Recht erhielt, alſo daß die gedachte Chorherren daſelbſt wohnen und ihre Studia verrichten ſollten. Der Pabſt
ertheilte dem König als Patron das Recht, den Prior und
die Räthe des Kloſters zu ernennen, und die Chorherren zu
wählen. Die Franciscaner, Capuchos genannt, wie ſie aus
ihrem Orden in den Orden der regelmäßigen Chorherren tret-
ten wollten, durften ſich bey dem Cardinal de Cunha melden,
der das päbſtliche Schreiben zu vollſtrecken hatte, und die übrige ſollten in der Provinz von Arrafida vertheilt werden, zu
welchem Ende ſie der Pabſt ihrer abgelegten Gelübde entließ.
Auf ſolche Weiſe hatte der König in dieſem Kloſter eine Geſellſchaft, die in wenigen Jahren durch ihre Studien eben ſo

berühmt

Polen und der Ottomannischen Pforte.   25

berühmt werden konnte, als die Gesellschaft der Mauriner in Frankreich, und zur Unterweisung der Welt- und Ordens-Geistlichen dienen konnte, um so mehr, da daselbst ein guter Bücher-Saal ist, und da von allen Orten her Lehrmeister dahin beruffen wollte. Um endlich auch die Verdienste des erstern Ministers Grafen von Oeyras zu belohnen, so ernannten ihn Se. allergetreueste Majestät zum Marquis von Pombal.

<small>Graf von Oeyras zum Marquis von Pombal genennt.</small>

Die Neutralitäts-Erklärung des Hofs zu Lisabon beraubte Groß-Britanien eines Bunds-Genossen, der im letztern Krieg gemeinschaftliche Sache mit ihm gemacht hatte; und es wurden noch immer Unterhandlungen wegen Beylegung der Streitigkeiten zwischen Portugall und England gepflogen. Die mit diesem Königreich handlende Engländer, deren Stelle die Faktorey, so sie zu Lisabon halten, vertritt, gaben vor, daß sie in einigen Privilegien gekränkt worden wären. Dieß läugneten nicht nur die Portugiesen, sondern gaben auch nicht einmal zu, daß jene dergleichen Privilegien hätten, worunter z. E. war, daß die Faktorey den Portugiesischen Mäcklern nichts für die Handlungs-Geschäfte, so durch ihre Hand liefen, zu bezahlen hätten. Das Ministerium unterstützte seine Unterthanen, auch so gar mit Gewalt, indem es den Englischen Kaufmann Herrn Dionysius Connel deßwegen gefangen setzen ließ, weil er sich weigerte, die Mäckler zu bezahlen. Zu London machte die Nachricht, wie gewöhnlich, eine große Bewegung unter dem Volk, allein es hatte damals mit wichtigeren Gegenständen zu thun, und beschäftigte sich mehr mit den innerlichen Uneinigkeiten, denen Streitigkeiten in Amerika und Irrland, und dem Krieg mit Spanien, der für unvermeidlich gehalten wurde.

<small>Streitigkeiten zwischen Portugall u. England.</small>

Was die erstere betrifft, so fuhr Wilkes, der zum Aldermann von London erwählet worden war, fort, die Gegen-Partey wider den Hof aufzuhetzen, und gieng so weit, daß er die Burgerschaft zu London zu bereden suchte, Ihren Majestäten

<small>Innerliche Uneinigkeiten in England.</small>

Der Kriegsgeschichte XI. Th.   D   daß

das gewöhnliche Compliment wegen der Geburt einer Princeßin nicht abstatten. Der berühmte Graf von Chatam und andere vornehme Herren unterstützten diese Parthey, und verlangten auch durch Bittschriften an den König, man sollte nicht nur das Ministerium verändern, sondern auch das gegenwärtige Parlament aufheben, und neue Mitglieder desselben wählen, indem sie diese beschuldigten, daß sie von dem Hof bestochen wären, daher alle Angelegenheiten nach dessen Belieben ausgemacht würden. Man gab sich hiernächst alle Mühe, der Nation beyzubringen, daß das Ministerium damit umgienge, die Regierungs-Form zu verändern, und sie despotisch zu machen, und brachte eine Klage nach der andern vor den Thron; Allein Georg der III. unterstützte seine Minister mit aller standhaftigkeit, und gab nicht einmal denen Vorstellungen wegen Aufhebung des Parlaments gehör. Da indessen die Heftigkeit zwischen beyden Partheyen überhand nahm, und eine wider die andere durch satyrische und ernstliche Schriften noch mehr aufgehetzt wurde, so wurde endlich das Haus der Gemeinen veranlaßt, den Druckern solcher Schriften den Proceß zu machen.

Feuersbrunst in Portsmuth.

Um die allgemeine Gährung zu vergrößern, so entstund den 17. Jul. zu Portsmuth eine fürchterliche Feuersbrunst, welche auf dem Admiralitäts-Werft anfieng und in einem Augenblick die Magazine, wo der Hanf und die Mastbäume waren, samt den Wohnungen der Arbeits-Leute ergrief, also, daß sie in kurzer Zeit alle in geäschert wurden. Zu gutem Glück wehte eben damals ein Wind, der die Flammen von der Stadt wegtrieb, welche sonst in große Gefahr gestanden wäre. Dessen ohngeachtet belief sich der Schade, der durch diese Feuersbrunst angerichtet wurde, auf eine große Summe Pfund Sterling. Man suchte sogleich die Fabrick und die verzehrte Materialien wiederherzustellen, und verdoppelte die Wachen auf den andern Schiff-Werften, weil man guten Grund zu vermuthen hatte, daß diese Feuersbrunst nicht von ungefähr ausgebrochen wäre, eine Muthmaßung,

Polen und der Ottomannischen Pforte. 27

maſſung, welche nachgehends zuverläſſig wurde, da man zu Chatam viele brennende Materien fand, welche deutlich anzeigten, daß man auch das dortige Hanf-Magazin anzuzünden ſuchte.

So groß jedoch der Schade war, den die Feuersbrunſt in dem Zeughaus zu Portsmuth anrichtete, ſo wurden doch dadurch die See-Kriegs-Rüſtungen nicht verzögert, welche bald hernach nothwendig wurden. Es langte nemlich den 24. September die Kriegs-Schaluppe, die Favorite, aus Amerika an, welche die unangenehme Nachricht mitbrachte, daß ſich die Spanier im Namen ihres Königs der Falkländiſchen Inſeln bemächtiget, und allen Engländern, die ſich zu Port Egmont aufhielten, erlaubt hätten, ſich auf die gedachte Schaluppe einzuſchiffen, und anderswohin zu begeben, jedoch auf die Bedingung, daß ſie im Fall eines Bruchs zwiſchen beyden Kronen nicht wider Spanien, dienen wollten. Dieſe Unternehmung wurde von den Spaniern, die der Stadthalter von Buenos Ayres, Herr von Buccarelli, hierzu abſchickte, mit 3. Fregatten von 30. 28. und 20. Canonen ausgeführet, an deren Bord 1103. Matroſen und 526. Soldaten waren. Wir haben ſchon angemerkt, wie ſehr es den Engländern um den Beſitz der Inſel, worauf der genannte Hafen liegt, zu thun geweſen ſeye. Sie heißt Carkaſſa, iſt ungefähr 150. Meilen lang, und bringt keine einige Art von Bäumen hervor, hat auch keine andere vierfüſſige Thiere, als Füchſe. Auf ihren Küſten findet man ſehr viele Meer-Löwen, die man umbringt, und aus welchen man ziemlich viel Oel bekommt. Es giebt auch wilde Gänſe, und eine große Menge Fiſche daſelbſt. Das Clima iſt im Winter, der in dieſem Lande iſt, wann wir Sommer haben, ſehr kalt. Die Engländer hatten daſelbſt gebaute Häuſer, Gärten und Straſſen. Die Franzoſen haben auch einen ſehr vortheilhaften Hafen daſelbſt, gegen Morgen von dem Hafen Egmont, und nur 30. Meilen von demſelben, mit ungefähr 50. Häuſern und 100. Mann ohne Weiber und Kinder.

Kriegs-Rüſtungen wider Spanien, wegen der Inſel Carkaſſa.

28 Geschichte des Kriegs zwischen Rußland,

Kinder. Die Häfen Julian und Desio auf der Küste von Patagonien sind von Carkassa nur 90. Meilen gegen West entfernt.

Es gab verschiedene Meynungen, was man bey einem so wichtigen Umstand für eine Parthey ergreiffen sollte. Einige behaupteten, daß der Krieg eben recht käme, um den innerlichen Frieden wieder herzustellen, und daß man dieses Verfahren wider einen Englischen Pflanzort nothwendig rächen müßte. Andere hielten denselben für schädlich, und glaubten, man sollte ihn vermeiden, weil einige kleine Zänkereyen nicht verdienten, gantze Schätze auf einen Krieg zu verschwenden, welcher übel ausschlagen könnte. Darinn kamen jedoch alle überein, daß man sich schleunig, und mit allem Ernst und Nachdruck zum Krieg rüsten müßte. Die Regierung befahl indessen, 40000. Matrosen anzuwerben; der König versprach denjenigen, so sich freywillig anwerben liessen, eine Belohnung, und da dieses Mittel nicht hinreichend war, so brauchte man Gewalt, ein Verfahren, das von der Gegen-Parthey zu gleicher Zeit, da sie schrien, man sollte zur Ehre der Crone und zum Besten der Nation Krieg anfangen, für tyrannisch, ungerecht und Gesetzwidrig ausgegeben wurde. Es entstunde daher grosse Unordnungen aus dieser Werbung, und einige Aldermänner von London widersetzten sich sogar den Werbern mit Gewalt, welche jedoch dessen ungeachtet so glücklich waren, in kurtzer Zeit mehr als 3000. Matrosen zusammen zu bringen. Man hatte bereits in den Schiff-Zeughäusern des Königsreichs 250. Schiffe von der Linie, Fregatten, Schaluppen und dergleichen; mehr als 60. wurden mit der grösten Geschwindigkeit neu ausgerüstet, ausser denen, welche bereits in allen 4. Welt-Theilen kreutzen; man bestimmte die Geschwader, welche nach Amerika gehen sollten; man verstärkte das in dem Mittelländischen Meer, und der König nahm den 18. October eine Beförderung von 7. Admirälen, 17. Vice-Admirälen, und 12. Contre-Admirälen vor. Diese Kriegs-Rüstungen kosteten mehr als 2. Millionen Pfund Sterling, wobey

Zustand der Englischen Seemacht.

Polen und der Ottomannischen Pforte. 29

bey nicht vergessen wurde, auch zu Lande die nöthige Anstalten zu machen. Man vermehrte zu dem Ende die Völker in Engelland auf 24000. Mann, man verstärkte die Besatzung zu Gibraltar, auf welches der erste Angriff der Spanier im Fall eines Bruchs gerichtet zu seyn schien, und befahl dem Stadthalter zu Minorka, 4000. von den dortigen Einwohnern zum Krieg aufzubieten, welche sich im Anfang unter dem Vorwand, daß sie Kraft ihrer Privilegien hierzu nicht verbunden wären, widersetzten, nachgehends aber doch das ihrige zur gemeinen Sicherheit beytrugen.

Bey allen diesen Zurüstungen wurden nichtsdestoweniger Unterhandlungen gepflogen, den Krieg vorzubeugen. Der Hof zu London führte an dem Hofe zu Madritt die nachdrücklichste Klagen, und verlangte die Zurückgabe der weggenommenen Inseln samt andern Wiedererstattungen. Spanien gab vor, daß der Stadthalter von Buenos Ayres diese Unternehmung ohne dessen Wissen ausgeführt hätte, und ließ zu gleicher Zeit, da es sich mit allem Ernst zum Krieg rüstete, Neigung zu einem Vergleich blicken, welcher um so dienlicher angesehen wurde, da Frankreich erklärte daß es nicht im Stand wäre, in der Eil diejenige Hülfe zu leisten, wozu der Allerchristlichste König Kraft des Familien-Vertrags verbunden wäre.

Vergleichs Unterhandlungen.

Indem an einem Vergleich gearbeitet wurde, so lief das Königliche Schiff Liverpool mit ungefähr 700000. Scudi für Rechnung der Englischen Kaufleute aus den Spanischen Häfen zu Spithead ein, auch langten aus eben diesen Häfen verschiedene andere Schiffe an, von welchen man glaubte, daß sie angehalten worden wären. Die Kriegs- und Friedens-Gerüchte verursachten indessen ein beständiges Steigen und Fallen der Englischen Fonds, und gaben scharfsinnigen und gewinnsüchtigen Kaufleuten Anlaß, sich bey solchen Umständen zu bereichern. Allein das Großbrittannische Ministerium hielt für nöthig, dieser schäd-

Einige Engli sche Kaufleute machen sich die Umstände zu Nutz.

D 3

schädlichen Unordnung Einhalt zu thun, und legte in der Folge wirklich ernstliche Hand daran.

Frechheit der Englischen Schriftsteller.
Nicht weniger suchte es die Frechheit der Schriftsteller zu bezähmen, welche in ihren periodischen Blättern nicht einmal die auswärtige Mächte schonten. In einem derselben standen bittere Ausdrücke über den Catholischen König; die sammtliche Bourbonnische Minister übergabm Vorstellungen, den Verfasser und Drucker zu bestraffen. Allein der Staats-Sekretär Lord Weymouth antwortete ihnen, sie würden wissen, wie das Ministerium keine Gewalt habe, einen Buchdrucker zu bestraffen, wie gedachte Minister wünschten; da die Englische Zeitungen so viele schmähliche Dinge wider ihren eigenen König enthielten, so wäre es nicht zu verwundern, wann auswärtige Prinzen auf gleiche Weise behandelt würden; der General-Prokurator würde jedoch eine Untersuchung anstellen, und wann der Drucker weiter gegangen wäre, als es die Gesetze erlaubten, so würde ein aus Engelländern bestehendes Gericht den Ausspruch thun, was er für eine Genugthuung zu leisten hätte. Die Minister setzten ihre Beschwerden fort, allein die Sache war von keiner weitern Folge.

Vorfälle in Asien.
In dieser Lage befanden sich die Groß-Brittannischen Angelegenheiten in Europa. Zu gleicher Zeit war man nicht ohne Sorgen wegen der Angelegenheiten der Ost-Indischen Gesellschaft in Asien. Joujach Doula wollte sich die schlechte Verfassung des grossen Mogols, der von den Pittanen, einem wilden Volk aus seiner Haupt-Stadt und verschiedenen Provinzen verjagt worden war, zu Nutz machen, und ein Bündniß mit andern Prinzen des nordlichen Indiens schliessen, um sich der Person des Mogols selbst zu bemächtigen, und unter dem Namen eines Mogols alle Länder, welche die Englische Gesellschaft von dem rechtmäßigen Regenten empfangen hatte, an sich zu reissen. Da jedoch die Indianische Bunds-Verwandten saben,

Polen und der Ottomannischen Pforte. 31

hen, daß sie nicht mächtig genug wären, ihre Unternehmung hinauszuführen, so suchten sie den Hyder Ali, dessen wir bereits Meldung gethan haben, auf ihre Seite zu ziehen. Dieser eben so schlaue Staats-Mann, als unerschrockene Feld-Herr wollte ihrem Vorschlag nicht einmal Gehör geben; allein zu gleicher Zeit setzte sich wider die Engelländer ein anderer Feind in Bewegung, der sich bereits öffentlich dafür erkläret hatte. Diß war ein gewisser General Sommer, ein Renegat, der die Besitzungen der Gesellschaft schon zu einer andern Zeit beunruhiget hatte. Er erschien an der Spitze vieler 1000. Indianer, und fieng seine Feindseligkeiten gegen einen Nabab nicht weit von Madras an, der ein Bundsgenosse der Engelländer war, jedoch mit so schlechtem Erfolg, daß er sich, nachdem er einige Beute gemacht hatte, bald zurück zog. Die Nachbarschaft so unruhiger Prinzen, sammt den Uneinigkeiten zwischen den Handlungs-Direktoren, welche sich den Ober-Aufsehern, die man für nöthig erachtete, dahin zu schicken, nicht unterwerfen wollten, machten der Gesellschaft vieles zu schaffen. Nichtdestoweniger erwarb sie sich immer grössere Reichthümer, so daß ihre Handlungs-Bediente mit grossem Vermögen aus Indien zurück kamen. Die samtliche Theilhaber der Gesellschaft zogen im Jahr 1770. Vierzehen vom Hundert aus ihren Capitalien, und das Ministerium gieng damit um, den jährlichen Beytrag von 40000. Pfund Sterling zu erhöhen, eine sehr beträchtliche Summe, welche die gedachte Gesellschaft für ausschliessendes Handlungs-Privilegium, und für die ansehnliche Ländereyen bezahlt, die sie auf der Küste von Koromandel besitzt. *Blühender Zustand der Ostindischen Gesellschaft.*

Die Regierung hatte wirklich grösse re jährliche Einkünfte nöthig, als die bisherige, indem die Auflagen immer grösser, und die National-Schulden nicht geringer wurden, für welche letztere man alle Jahre an blossem Zinß die erstaunende Summe von 4600000. Pfund Sterling bezahlen mußte. Es fehlte auch an baarem Gelde im Umlauf des Handels, und die- *National-Schulden. Mangel an baarem Geld.*

ser

ser Mangel hatte in Irrland gegen dem Ende des Jahr grosse Fallimente veranlaßt. Der beste Handlungs-Zweig war der Asiatische, besonders, nachdem die Handlung der Franzosen in diesen Gegenden in Verfall gerathen war. Um also denselben zu erhalten, so beschloß das Ministerium, immer einen Vorrath neugeworbener Völker auf der Insel Mann zu halten, um die abgängige Soldaten in Asien davon zu ersetzen.

Abnahme der Englischen Handlung in Amerika.

Die Handlung der Engelländer mit Amerika hatte um vieles abgenommen. Die dortige Pflanz-Orte weigerten sich immer die Europäische Waaren und Manufaktur-Arbeiten anzunehmen, bis und dann von dem Parlament die Taxe auf den Thee würde abgeschaft seyn, und hatten neue Weege ausfündig gemacht, ihre Produkte anzubringen. Sie führten dieselbe zu ihrem grossen Vortheil in die See-Häfen von Frankreich, Spanien und Portugall, und zogen dafür grosse Geld-Summen, welche sonst für die Groß-Brittannische Manufaktur-Waaren nach Engelland giengen. Die Einwohner von Neu-York wichen zwar grossentheils von ihrem Vorsatz ab, und liessen eine Menge Waaren von Londen kommen, allein nicht ohne Verdruß mit den andern Colonien, welche ihnen vorwarfen, daß sie sich von der Verbindung los gemacht hätten, die sie allesamt untereinander getroffen hatten, und deren Haupt-Absicht dahin gieng, nichts von den gedachten Waaren in ihre Länder einführen zu lassen.

Reichthum und Macht der Nordamerikanischen Provinzen.

Indessen wurden die Amerikanische Provinzen je länger je reicher, und machten sich so mächtig, daß Engelland im Fall eines Kriegs mit Spanien vieles von denselben hoffen konnte. Sie hatten auch sogleich auf die erste Nachricht von der Möglichkeit eines Kriegs eine deutliche Probe abgelegt, wie sie gesinnt wären, und wie ihre Macht beschaffen wäre. Selbst die Wilde, welche sonst gewohnt waren, mit vieler Grausamkeit in die benachbarte Provinzen zu streifen, liessen sie in diesem Jahr in Ruhe, einen kleinen Einfall ausgenommen, den die Chirokesen, Chikassavier und Crekesen in das mittägliche Karolina thaten, wo sie einigen Schaden anrichteten, aber, da sie tapfern Widerstand fanden, für besser hielten, sich wieder in ihre Länder zurück zu ziehen.

Dieß war der Zustand der Engelländer auch in ihren entferntesten Besitzungen, als der König den 13ten November das Parlament eröfnete. Da man insgemein vornemlich auf die bey dieser Gelegenheit von Sr. Majestät gehaltene Rede, und auf die Antworten der beyden Kammern Achtung giebt, indem aus der ersteren der wahre Zustand der Groß-Brittannischen Angelegenheiten, und der Einfluß, den sie in alle übrige Angelegenheiten von Europa haben, aus der andern aber die Gesinnungen der Nationen in Absicht auf die eine und die andere abzunehmen sind, so wollen wir die gedachte Rede und Antworten hier einrücken. Die erste lautet also: *Eröfnung des Parlaments.*

„Mylords und meine Herren!

„Als ich euch das letztemal zusammen kommen ließ, so *Rede des*
„habe ich die schon zuvor gegebene Versicherungen wiederholt, *Königs.*
„daß ich vest entschlossen wäre, die offentliche Ruhe zu hand-
„haben, zu gleicher Zeit aber auch die Ehre meiner Krone,
„und die billige Rechte und Vortheile meines Volks aufrecht
„zu erhalten.„

„Mit noch grösserem Vergnügen gab ich der Hofnung
„Raum, daß ich mich im Stande befinden würde, indem ich
„mich still hielte, meinen Unterthanen den ferneren Genuß des
„Friedens mit Sicherheit und Anstand zu verschaffen. Allein
„die Absichten, welche ich damals versprochen habe, auch nicht
„einmal dem Verlangen des Friedens aufzuopfern, haben mich
„inzwischen in die unumgängliche Nothwendigkeit gesetzt, solche

Der Kriegsgeschichte XL Th. E „Maas-

"Maas-Regeln zu ergreiffen, welche der Veränderung der Um-
"stände gemäß sind.

"Die Ehre meiner Krone und die Sicherheit der Rechte
"meines Volks sind durch das Verfahren des Stadthalters von
"Buenos-Ayres, welcher eine meiner Besitzungen mit Gewalt an-
"gegriffen hat, äusserst angetastet worden.

"Bey solchen Umständen habe ich nicht ermangelt, von
"dem Spanischen Hof sogleich diejenige Genugthuung zu ver-
"langen, die ich nach der mir angethanen Beleidigung zu er-
"warten berechtiget wäre. Zu gleicher Zeit habe ich Befehl
"gegeben, die nöthige Zurüstungen zu machen, um mich in den
"Stand zu setzen, mir selbst Recht zu verschaffen, im Fall
"mein Verlangen an dem Spanischen Hof solches nicht zuwe-
"gen bringen könnte. Und ihr könnet versichert seyn, daß ich
"auf keinerley Weise für gut ansehen werde, diese Zurüstun-
"gen einzustellen, so lange ich nicht eine anständige und der
"Beleidigung gemässe Genugthuung; auch hinlängliche Bewei-
"se erhalten werde, daß andere Mächte mit gleicher Aufrich-
"tigkeit, wie ich, entschlossen seyen, die offentliche Ruhe in Eu-
"ropa zu handhaben. Ich habe euch auch alsobald zusammen
"beruffen, um auf alle Fälle, so aus dieser wichtigen Sache
"entspringen könnten, euer Gutachten und euren Beystand zu
"erhalten.

"Ohnerachtet ich, was den Zustand meiner Pflanzorte in
"Amerika betrift, das Vergnügen habe, euch zu wissen zu thun,
"daß das Volk in dem grösten Theil derselben angefangen hat,
"von denjenigen Verbindungen abzugehen, von welchen voraus
"zu sehen war, daß sie der Handlung dieses Königreichs Scha-
"den bringen würden; so nimmt man doch in einigen Gegen-
"den der Massachusetischen Colonie ein Verhalten wahr, das
"sich nicht rechtfertigen läßt, und meine gute Unterthanen wer-
"den

„den durch die ungerechte Gewaltthätigkeiten unterdrückt, wel-
„che in dieser Provinz nur allzusehr die Oberhand gewonnen
„haben."

„Ich hoffe und bin gewiß, daß die bereits gebrauchte
„Vorsicht, Unser Land vor der schädlichen Plage, die sich
„vor kurzem in einigen entfernten Gegenden von Europa her-
„vorgethan hat, unter göttlichem Beystand die erwünschte
„Würkung gethan haben werde. Sollten jedoch neue Ein-
„richtungen nöthig seyn, so kan ich nicht zweifeln, Ihr wer-
„det bereit seyn, mitzuwirken, was zu einem so heilsamen End-
„zweck dienen kan."

Herren vom Unterhaus!

„Ich werde Befehl geben, Euch die Verzeichnisse zum
„Dienst des nächstkünftigen Jahrs vorzulegen. Sie werden die
„gewöhnliche Summe bey gegenwärtigen Umständen nothwen-
„dig übersteigen. Meine Sorgfalt für die Erleichterung mei-
„ner guten Unterthanen wird mich jederzeit veranlassen, alle
„unnützliche Ausgaben zu vermeiden, allein wann ich etwas
„sparen wollte, das zur Sicherheit und Erhaltung der Ehre
„der Nation erfordert wird, das würde nicht mit dem Besten
„meines Volks und mit dessen Gesinnungen überein kommen."

Mylords und meine Herren!

„Ich weiß gar wohl, daß es nicht nöthig ist, euch zu
„sagen, daß ich versichert seye, ihr werdet euch in allem, was
„zum wahren Besten eures Landes abzwecken kan, vereinigen.
„Die Ausbreitung Unserer Handlung, die Vermehrung der
„Einkünfte, und die Aufrechterhaltung der Ordnung und guten
„Regierung seyen allezeit der Gegenstand eurer Berathschlagun-
„gen über einheimische Angelegenheiten."

„In Ansehung der auswärtigen Verfügungen gewärtige
„ich mich, daß keine andere Verschiedenheit der Meynungen
„unter euch statt finden werde, ausser in Absicht auf das,
„was am meisten zur Behauptung der gemeinschaftlichen
„Sache, wie auch zur Erhaltung der Würde des Königreichs
„und zu dessen Glückseeligkeit wird beytragen können.„

„Ihr werdet mich allezeit geneigt finden, alle meine Kräfte
„anzuwenden, um zu diesem Zweck zu gelangen. Ich habe kein
„anderes Interesse, und kan auch kein anderes haben, als das
„Interesse meines Volks.„

Aus dieser Rede des Königs war leicht abzunehmen, daß,
wann sich Spanien nicht zu einer Genugthuung verstünde,
der Krieg unvermeidlich wäre. Die beyde Kammern ermangelten nicht, die von dem Ministerium genommene Maas-Regeln
zu unterstützen, und das Ober-Haus drückte sich in seiner Antwort also aus:

Allergnädigster König!

Antwort des Oberhauses. „Wir Ehrfurchts-volle und löbliche Unterthanen, die Herren u. s. w. Es seye uns vergönnet, Euer Majestät die aufrichtigste Glückwünsche zur glücklichen Entbindung der Königinn und zur Geburt einer jungen Prinzeßinn abzustatten, und Dieselbe von unserer aufrichtigen Freude über die Vergrößerung
„Höchst Dero häuslicher Glückseeligkeit zu versichern, mit dem
„Beysatz, daß wir jeden Zuwachs Dero hochansehnlichen Hauses, von welchem dieses Königreich die wichtigste Vortheile zu
„rühmen haben, als eine künftige Stütze unserer kirchlichen und
„bürgerlichen Freyheiten ansehen.„

„Wir sind allzusehr zum Frieden geneigt, als daß es uns
„nicht das größte Mißvergnügen seyn sollte, wann sich ein Fall
„ereig-

„ereignet, welcher deſſen Ende drohet, und die angeführte und
„huldreiche Abſichten Euer Majeſtät zu deſſelben Handlung ver‐
„eitelt. So groß jedoch unſere Dankbarkeit für dieſe Probe
„der väterlichen Sorgfalt Euer Majeſtät für die Ruhe und
„Glückſeeligkeit Ihres Volks iſt, ſo ſind wir Denenſelben für
„Dero Wachſamkeit und Bemühungen zur Aufrechthaltung der
„Ehre Ihrer Krone und der Vortheile Ihres Volks nicht we‐
„nig Dank ſchuldig.„

„Voll Dankbarkeit ſind wir alſo Euer Majeſtät verbun‐
„den, ſowohl daß Dieſelbe geruhet haben, wegen der erlittenen
„Beleidigung an dem Spaniſchen Hofe unverzüglich Genug‐
„thuung zu fordern, als auch für die gegenwärtige Zurüſtun‐
„gen, die gemacht werden, um ſich ſelbſt Recht zu verſchaffen,
„im Fall durch die gedachte Forderung nichts ausgerichtet wer‐
„den ſollte; und wir ſchätzen uns glücklich, daß wir die Ver‐
„ſicherung erhalten, daß Euer Majeſtät dergleichen Zurüſtungen
„für nöthig erachten, die Ehre Ihrer Krone und die Sicherheit
„der Rechte ihres Volks zu handhaben, in einem Fall, da
„demſelben ſo vieles daran gelegen iſt, daß für die erlittene Be‐
„leidigung eine anſtändige Genugthuung geleiſtet, und ſichere
„Beweiſe von der aufrichtigen Geſinnung anderer Mächte zur
„Aufrechterhaltung der öffentlichen Ruhe in Europa abgelegt
„werden. Wir in unſerm Theil bitten um Erlaubniß, Euer
„Majeſtät zu verſichern, daß wir nicht ermangeln werden, alle
„unſere Bemühungen zur Unterſtützung der Abſichten, welche
„Denenſelben ſo nahe am Herzen liegen, zur Würde der Kro‐
„ne Euer Majeſtät und zur Sicherheit der Rechte der Na‐
„tion anzuwenden.„

„Wir vernehmen mit Vergnügen, daß der größte Theil
„der Einwohner in den Nord‐Amerikaniſchen Pflanz‐Orten
„Euer Majeſtät diejenige Verbindungen haben fahren laſſen,
„die zum Nachtheil der Handlung dieſes Königreichs abzweck‐
„ten,

„ten, und hoffen die Gesetz-widrige Ränke, wodurch die Unter-
„thanen Euer Majestät in einer dieser Provinzen unterdrückt wer-
„den, auf das eheste abgestellt zu sehen."

„Wir sind innigst gerührt, daß Euer Majestät die Güte
„und den Gedanken gehabt haben, dieses Land vor der betrüb-
„ten Plage sicher zu stellen, die sich noch nicht lange in einigen
„entfernten Gegenden von Europa hervor gethan hat, und wer-
„den jederzeit bereit seyn, auch unserer Seits alle Maasregeln
„Euer Majestät zu unterstützen, um einen so heilsamen Endzweck
„zu erreichen."

„Wir statten Denenselben unendlichen Dank ab, für die
„gute Meynung, welche Euer Majestät von unsern beständi-
„gen Bemühungen zur Beförderung der wahren Wohlfarth
„dieses Landes hegen, und werden uns bey allen unsern ein-
„heimischen Berathschlagungen befleißigen, unsere Handlung
„auszubreiten, die Einkünfte zu vermehren, und die gute
„Ordnung und Regierung aufrecht zu erhalten. Wir schmeich-
„len uns auch, Euer Majestät werden sich in Dero Hofnung
„von unserm Eifer für die Unterstützung Ihrer Krone, wie
„auch für die Ehre und Glückseligkeit Ihrer Königreiche nicht
„betrogen finden."

Diese Rede wurde in dem Ober-Hause nicht ohne Widerspruch der Gegen-Parthey abgefaßt, welche noch gröser in
dem Unter-Hause war, indem daselbst allerhand Beschuldigungen wider die vornehmste Minister vorkamen, gegen welchen man die Antwort einrichten wollte. Allein der Staats-
Sekretär Lord Nord setzte diesen Beschuldigungen so nachdrückliche Gründe entgegen, daß endlich folgende Antwort ge-
nehmiget wurde:

„Aller-

„Allergnädigster König!

„Wir Ehrfurchts- volle und getreue Unterthanen Euer
„Majestät die Gemeinen u. s. w. Euer Majestät wollen geru-
„hen, unsere Glückwünsche zu der glücklichen Entbindung der
„Königinn und zur Geburt einer Prinzessinn anzunehmen, da
„wir einen jeden Zuwachs Höchst-Dero Königlichen Familie
„als eine neue Fortsetzung der Glückseeligkeit ansehen, die wir
„unter Ihrer glücklichen Regierung bisher genossen haben."

„Unter den verschiedenen Proben, die uns von der bestän-
„digen Sorgfalt Euer Majestät für das Beste und Glücksee-
„ligkeit Ihres Volks gegeben werden, muß uns nothwendig
„Dero aufrichtiges Verlangen, uns den Frieden zu erhalten,
„Dankbarkeit und Liebe einflößen. Wir würden jedoch über
„dem Genuß desselben nicht vollkommen beruhiget seyn, wann
„wir nicht zu gleicher Zeit unser billiges Vertrauen auf Euer
„Majestät setzen wollten, daß eine übertriebene Zärtlichkeit für
„das gegenwärtige Wohl Ihres Volks Dieselbe niemals da-
„hin bringen werde, dessen dauerhaftere und wesentlichere Vor-
„theile aufzuopfern."

„Diese Vortheile sind, wie wir deutlich einsehen, durch
„die vor kurzem von einem Spanischen Stadthalter wider eine
„der Besitzungen Euer Majestät ausgeübte Gewaltthätigkeit ge-
„fährlich angegriffen worden. Dero Entschluß, bey solchen
„Umständen alsobald von dem Spanischen Hof die Genug-
„thuung zu fordern, so Dieselbe mit Recht erwarten, und zu
„gleicher Zeit ohne Verzug Kriegs-Rüstungen zu machen, um
„Sie in den Stand zu setzen, Ihnen Selbst Recht zu schaffen,
„in Fall Dero Forderung an gedachtem Hofe nichts auswirken
„sollte, verdient unsere aufrichtigste Danksagungen."

„Wir

„Wir erfreuen uns auch, Euer Majestät entschlossen zu
„sehen, die gedachte Zurüstungen nicht eher einzustellen, als bis
„wegen dieser Beleidigung eine anständige Genugthuung geleistet
„seyn wird, und Dieselbe unzweifelhafte Beweise haben wer,
„den, daß andere Mächte gleich Euer Majestät aufrichtig ent,
„schlossen seyn, die öffentliche Ruhe zu handhaben. Euer Ma,
„jestät werden sich bey Ausführung dieser Absichten in Ihrer
„Erwartung von Dero getreuen Gemeinen, wie in einer so
„wichtigen Sache erfordert wird, unterstützt zu werden, nicht
„betrügen. Zu dem Ende werden wir uns über die Subsidien
„des nächstkünftigen Jahrs sogleich berathschlagen, und so groß
„auch die Ausgaben seyn möchten, die der öffentliche Dienst
„erfordern wird, so werden wir dafür auf eine Weise, die den
„Unterthanen Euer Majestät am wenigsten beschwerlich seyn
„wird, schleunige Sorge tragen.„

„Was den Zustand der Pflanz,Orte Euer Majestät in
„dem Nordlichen Amerika betrift, so werden wir kein Mittel
„vorbey lassen, die Handlungs,Angelegenheiten dieses König,
„reichs in Sicherheit zu setzen, und den guten Unterthanen
„Euer Majestät in jenen Ländern wider alle Gewaltthätigkeit
„und Unterdruckung Schutz zu verschaffen.„

„Wir danken Euer Majestät aufrichtig, für die zu rech,
„ter Zeit gebrauchte Vorsicht, uns vor der Pest sicher zu
„stellen, die sich in einigen Ländern von Europa hervorge,
„than hat.„

„Wir versichern Euer Majestät, daß wir Sorge tragen
„werden, die öffentliche Angelegenheiten mit allem schuldigen
„Fleiß in Richtigkeit zu bringen, und werden auf unserer
„Seite nicht ermangeln, die von Euer Majestät sowohl in
„Dero Rede als durch Dero Königliches Exempel dargelegte
„grosse Absichten vor Augen zu haben. Sollte man auch in
„irgend

Polen und der Ottomannischen Pforte.

„irgend einem Lande Hofnung haben oder denken, daß unter
„dem Volk Euer Majestät Uneinigkeiten im Schwang giengen,
„die den Eifer seiner Unterthänigkeit und Zuneigung gegen Euer
„Majestät im geringsten verringern und verhindern könnten,
„daß es Euer Majestät in Dero Absichten, den Glanz der
„Krone in seiner ganzen Lauterkeit zu erhalten, und die Rech-
„te Ihres Volks ungekränkt zu bewahren, nicht einmüthig,
„als ob es Ein Mann wäre, unterstützte; so zweiflen wir
„nicht, die Welt werde vermittelst Dero Betragens von der
„Falschheit und Unbilligkeit solcher Geschwätze überzeugt wer-
„den, und mit augenscheinlicher Zuverläßigkeit einsehen lernen,
„daß so oft es darauf ankommt, die Sache unsers Königs
„und unsers Vaterlandes zu unterstützen, unter Dero Gemei-
„nen nur Ein Herz und Eine Stimme statt finde.„

Man machte die Anmerkung, daß der König in seiner
Rede an das Parlament nichts von dem Krieg zwischen Rußland und der Ottomannischen Pforte habe einfliessen lassen,
woraus der Schluß gemacht wurde, daß Groß-Brittannien
niemals keinen Theil daran nehmen würde, und daß der Friede zwischen diesen beyden Mächten noch weit entfernt wäre,
da er von manchen für sehr nahe gehalten wurde. Nachdem
die Formalitäten geendiget waren, so wurden in dem Unter-
Hause die übrige innerliche und äusserliche Angelegenheiten vor
die Hand genommen. Zwar wurde von denen von der Gegen-Parthey alles auf das heftigste bestritten, welche allerhand
Beschuldigungen und schmähliche Sachen wider die Minister
vorbrachten; allein es war nicht eine einige Sache, die nicht
nach dem Wunsch des Hofs beschlossen worden wäre. Man
bestimmte die Subsidien, und die Art und Weise, sie zu erheben, ohne die Nation noch mehr zu beläftigen; und der König erlaubte nicht nur dem Admiral Carl Knowles, in Diensten der Rußischen Kayserinn als Oberster-Befehlshaber ihrer
See-Macht zu treten, sondern war auch so großmüthig, diesem

Admiral Knowles tritt in Rußische Dienste.

Der Kriegsgeschichte XL Th. F Admi-

Admiral, der sich im letztern Krieg so tapfer hervorgethan hatte, zu versprechen, daß ihm seine Stelle allezeit vorbehalten seyn sollte, wann er aus den Rußischen Diensten wieder in sein Vaterland zurück kommen wollte.

Auf solche Weise endigten sich die Groß-Brittannische Angelegenheiten im Jahr 1770. denen weiter nichts beyzufügen ist, als daß in den letzten Tagen des Jahrs verschiedene Personen und eine Menge Vieh in den drey Königreichen durch gewaltige Ueberschwemmungen und wiederholte erschröckliche Stürme das Leben einbüßten; auch giengen auf den Küsten viele Schiffe zu Grunde, und sogar einige Kriegs-Schiffe wurden beschädiget.

Zustand der Republick Holland.

Während dieser grossen und mannigfaltigen Unruhen in andern Staaten genoß Holland des vollkommensten Friedens, ja die verständigste Handelsleute wußten aus anderer widrigen Umständen alle mögliche Vortheile zu ziehen, und sich verschiedenen Mächten durch die grosse Summen Geldes, die sie ihnen vorstrecken konnten, in gewisser Art nothwendig zu machen.

Kriegs-Rüstungen.

Die General-Staaten vermehrten unbemerkt ihre Land- und See-Macht, um ihre Schiffarth und Handlung zu decken; setzten der Pest, die in der Levante und einigen Gegenden Polens wütete, weise und vorsichtige schranken, und empfiengen

Marokkanischer Gesandter im Haag.

den Hadgi Mahomet Resini als Marokkanischen Gesandten, der Ihro Hochmögenden ausser den Friedens- und Freundschafts-Versicherungen des Kaysers einige Afrikanische wilde Thiere zum Geschenke mitbrachte, wie solches zwischen jenen Prinzen und den Europäischen Mächten gebräuchlich ist, welche letztere ihnen dafür beträchtliche Geld-Summen, kostbare Haus-Geräthe, und eine gewisse nordische Macht auch Kriegs-Vorrath, überschicken.

Drittes

Drittes Capitel.

Beschäftigungen des Marokkanischen Hofs. Die Barbarische Regierungen können der Pforte im Krieg mit Rußland nicht beystehen. Tunis mit den Franzosen Frieden machen; vorläufige Artickel dieses Friedens. Algier wird von dem Dänischen Geschwader beschossen, das sich jedoch zurück ziehen muß. Empörung der Ruder-Knechte zu Civita-Vecchia. Verschiedene neue Cardinäle ernannt. Feyerlichkeiten zu Rom wegen Wiedereröfnung der Nuntiatur in Portugal. Oekonomische Verordnungen des Pabsts. Tod der Cardinäle Neri, Corsini und Conti. Unterhandlungen wegen Unterdrückung der Jesuiten. In beyden Sicilien werden die Römische Cantley-Ordnungen abgeschaft. Rußische Schiffe in Sicilien. Erdbeben in diesem Königreich und in Calabrien. Die dem Groß-Meister zu Malta von dem Rußischen Ober-Befehlshaber geschenkte Algierische und Salettinische Sclaven werden von Frankreich abgefordert. Vortheile der Toscanischen See-Häfen von dem Aufenthalt der Rußischen Schiffe. Ankunft des Groß-Herzogs und der Groß-Herzoginn in Florenz. Veränderung in dem dortigen Ministerium. National-Versammlung in Corsica. Begebenheiten in dem Ueberrest von Italien auf auf das ganze Jahr 1770.

In was für einer Verfassung damals der Kayser von Marokko gewesen, und wie billig die Lobsprüche seyen, die wir diesem Afrikanischen Prinzen bisher bey verschiedenen Gelegenheiten beygelegt haben, ist aus folgendem Schreiben des Kaysers an den Englischen Statthalter zu Gibraltar, dem Obristen Boyd, abzunehmen: *Schreiben des Kaysers von Marokko an den Englischen Statthalter zu Gibraltar.*

„Von

„Von dem erhabenen und ruhmwürdigen Monar-
„chen, dem mächtigen und allergrösten Prinzen
„Sydi Mahomet Ben Abdala, Kayser der Kö-
„nigreich von Fez und Marokko, von Tafilet,
„Suez, von Algarbien und seiner Länder in A-
„frika.

„Ohnerachtet wir glauben, daß wir niemand als dem all-
„mächtigen Gott von unsern Handlungen Rechenschaft zu ge-
„ben haben, so wollen wir doch allen Nationen die gerechte
„Gründe unsers Verhaltens, das wir in Absicht auf die schar-
„fe Bestrafung unsers Knechts und gewesenen Statthalters
„von Tanger, Abdesadack Ben-Hamet, beobachtet haben, zu
„wissen thun, und berichten euch unsere Gesinnungen durch ge-
„genwärtiges Schreiben, daß ihr dasselbe, wie auch folgende
„Erklärung, drucken und in den offentlichen Blättern bekannt
„machen lasset. Gedachter Abdesadack Ben-Hamet vergaß
„unsere Königliche Gunst-Bezeugungen, und ließ sein Herz
„durch den Stolz und verfluchten Geld-Durst dergestalt dahin
„reissen, daß er an statt die Völker zu unterhalten, und unsere
„Vestungen auszubessern, unsere Schätze mit Erbauung und
„Auszierung neuer Palläste zu seinem Gebrauch und besonderen
„Vergnügen verschleuderte. Es sind ungefähr 2. Jahre, daß
„ein zu Ostende nach Cadix beladenes Dänisches Schiff durch
„Sturm auf unsere Küsten von Tanger verschlagen wurde;
„und da wir an alle unsere Häfen die genauste Befehle gege-
„ben hatten, daß im Fall die Schiffe von verschiedenen Na-
„tionen, mit welchen wir im Frieden leben, auf unsern Ufern
„scheiterten, die Statthalter zu Hülfe kommen, und die Mann-
„schaft wegnehmen, und die Ladung und Habseeligkeiten aber
„mit allem möglichen Fleiß zu retten suchen, und ohne das ge-
„ringste anzutasten, dem Eigenthümer des Schiffs zurück geben
„sollten, so schickte unser Minister, der Bassa von Duquela,

einige

„einige Soldaten ab, zu verhindern, daß das gedachte Däni-
„sche Schiff nicht geplündert würde; allein der Alcade Abdesa-
„dack ließ, an statt das seinige zur Vollziehung unserer Befehle
„beyzutragen, dasselbe durch seine Leute plündern, und nahm
„selbst Theil an der Beute. Da die Soldaten unsers Mini-
„sters die Uebertretung unserer Befehle zu hindern suchten, so
„entstund zwischen ihnen und den Leuten des Alcade ein blutiger
„Streit, der verschiedenen das Leben kostete. Endlich hat der
„gedachte Abdesadack einer Person einen Diamant-Ring ge-
„nommen, den wir ihr geschenkt hatten, und gab ihr dafür et-
„was anders von geringem Werth, ohne an die Achtung zu
„gedenken, die er für ein Geschenk, das von uns kam, hätte
„haben sollen. Da hiernächst auch noch andere Klagen über
„ungerechte und gewaltthätige Verfahren des oftgenannten Ab-
„desadack einliefen, der den 15ten des abgewichenen Monats Ju-
„lius mit 45. seines gleichen zu unserm offentlichen Verhör zu
„Mequinez kam, so haben wir in Betracht seiner Untreue und
„undankbaren Betragens, aus derjenigen Gerechtigkeits-Liebe,
„die in den Regenten wohnet, für gut erachtet, ihn ernstlich zu
„bestrafen, und von seinem Amte abzusetzen, mit Befehl, ihn
„in ein enges Gefängniß einzusperren, und seine Familie, samt
„allen Einwohnern von Tanger, in andere Gegenden des Kay-
„serlichen Gebiets zu verschicken. Zu gleicher Zeit haben wir
„5000. Soldaten abgeschickt, daß sie zu Tanger bleiben sollten,
„wo wir auch die nöthige Befehle ausgestellt haben, den Molo
„wieder auszubessern, und 10. Galleotten und 6. Galeeren zu
„bauen, um in der Meer-Enge zu kreutzen.„

„Gegeben an unserm Hofe zu Marokko,
„den 3ten August 1770.

Die Barbarische Regierungen und der Kayser von Marokko hätten der Ottgmannischen See-Macht ein grosser Ge-
wicht geben können, das ihnen selbst vortheilhaft gewesen seyn

Krieg wider Rußland nicht beystehen.

wurde, weil sie damals beynahe mit allen Europäischen Mächten im Frieden stunden, und daher keinen grossen Nutzen von ihren Seeräubereyen zogen, welches jedoch durch die jährliche Beysteuren, die sie von verschiedenen Nationen erhalten, ersetzt wurde. Den Beweg-Grund, warum sie dem Groß-Herrn nicht beystunden, haben wir schon in den vorhergehenden Theilen angeführt; jetzo müssen wir noch erzählen, wie die Unternehmungen der Franzosen wider Tunis, und der Dänen wider Algier abgelauffen seyen.

Französisches Geschwader auf den Küsten von Tunis.

Zur Ausführung der ersteren seegelte den 15ten Jun. 1770. der Capitain Broves mit den Kriegs-Schiffen, der Provence von 64. und dem Bogenschützen von 50. ingleichem mit den Fregatten, der Anmuthigen von 26. dem Spunten, der zur Ueberfahrt der Lebens-Mittel bestimmt war, und der Schwalbe, gleichfalls von 26. Canonen, samt zwo Schebecken und zwo Bombardier-Gallectten, aus dem Hafen zu Toulon ab. Dieses Geschwader sollte sich wegen des der Französischen Flagge im vorhergehenden Jahr von den Seeräubern dieser Regierung durch Wegnehmung der Corsikanischen Fahrzeuge und zwey Neapolitanischen Schiffe, die mit Bau-Holz für das Zeughaus zu Toulon beladen waren, angethanen Schimpfs Genugthuung verschaffen. Die Absicht dieser Erscheinung auf den dortigen Küsten gieng eigentlich mehr dahin, die Tunesiner zu schröcken, als ihnen einen wirklichen Schaden zuzufügen; dann hierzu würde eine Landung mit vielen Völkern, und folglich auch mit grössern Unkosten erfordert worden seyn. Die Franzosen konnten ihnen auf andere Weise Schaden thun, nemlich durch Sperrung der Einfahrt in ihren Hafen, wodurch ihnen die Gelegenheit sowohl auf der See zu rauben, als auch zu handeln abgeschnitten wurde. Diß geschahe bereits, wie wir erzählt haben, durch den Ritter von Oppede, der mit dem Kriegs-Schiff der Altlande und zwo Schebecken zwischen Biserte und diesem Hafen kreuzte.

Den

Den 22ſten langte das Franzöſiche Geſchwader nach einer Goletta.
glücklichen Reyſe zu Goletta *) an, wo 3. Galeeren und eine
Galleotte von Malta dazu ſtieſſen. Man beſchloß, das Bomben-Schieſſen anzufangen, welches jedoch den Tuneſinern wenig
ſchaden konnte, da ſie ihre Hütten in das Innere des Landes
weggeſchaft hatten. Kaum wurde der Bey von der Ankunft
des Geſchwaders benachrichtiget, als er einen ſeiner Officiers
in Geſellſchaft des Franzöſiſchen Conſuls an den Befehlshaber
abſchickte, um ſich zu erkundigen, was die Urſachen einer ſo beträchtlichen Kriegs-Rüſtung wären. Der Herr Broves that
dem Officier zu wiſſen, was für Genugthuung der König wegen des ſeiner Flagge angethanen Schimpf forderte, mit der
Erklärung, Seine Majeſtät würden die verhaßte Auffführung
der Unterthanen des Bey vergeſſen haben, allein da Sie ſähen,
daß er immer verzöge, die Bedingungen anzunehmen, und nur
Zeit zu gewinnen ſuchte, ſo wären Seine Majeſtät entſchloſ-
ſen, ihn durch Zugrundrichtung ſeiner vornehmſten Städte dazu zu zwingen. Er befahl hiernächſt dem ganzen Geſchwader, gegen Biſerta zu ſeegeln, da indeſſen die Malteſiſche
Galeeren ſich dem Hafen Farina näherten, die Veſtungswer- Farina,
ke in Augenſchein nahmen, und einige Canonen wider den
Platz abfeuerten.

Den 30ſten erſchien das Geſchwader vor Biſerta **), Biſerta,
allein verſchiedene Zufälle verzögerten das Bomben-Schieſſen
bis auf den 4ten Julii, an welchem die erſte Bombe auf die
groſſe Veſtung flog. Sie ſetzten hierauf das Bomben-Schieſſen

---

*) Der berühmte Seeräuber Barbaroſſa bemächtigte ſich dieſes Orts
im Jahr 1535. Im folgenden Jahr 1536. wurde es von Carl V.
mit Sturm eingenommen, und im Jahr 1574. fiel er in die Hände
Selims.

**) Eine See-Stadt, die für das alte Utica gehalten wird.

48 Geschichte des Kriegs zwischen Rußland,

sen fort bis auf den 5ten, da sie gewahr wurden, daß die Oefnungen der Mörser um 11. Zoll weiter geworden waren. Die Stadt und die Vestungs-Werke machten indessen ein lebhaftes Gegen-Feuer, jedoch ohne einigen Schaden zu verursachen.

Vom 5ten auf den 6ten beschäftigten sich die Franzosen mit Ausbesserung der Mund-Löcher an den Mörsern, und an diesem Tage ließ der Bey dem Herrn Broves wissen, daß er den Frieden unterschreiben wollte. Er gab hierauf seinen Schiffen ein Zeichen, ihm nach Tunis zu folgen, wo er den 8ten Anker warf; allein der Bey, der über den durch die Bomben zu Biserta angerichteten Schaden, wo 160. Häuser zu Grunde gerichtet, und verschiedene Leute getödtet worden waren, böse wurde, ließ dem Herrn Broves sagen, daß er nichts von einem Vergleich hören wollte. Er machte daher Anstalt, die Feindseeligkeiten wieder anzufangen, und seegelte mit dem Geschwader nach dem Hafen Farina ab, allein da ihn der widrige Wind verhinderte, sich demselben zu nähern, so beschloß er, nachdem er Befehl gegeben hatte, Tunis mit Ruderschiffen einzuschliessen, Souja zu beschiessen. Er erschien vor dieser Stadt den 24ten Julii und brachte die zween folgenden Tage damit zu, seine Entwürfe zu machen.

und Souja beschossen.

Den 27ten fieng er an, auf den Platz Feuer zu geben, und setzte es bis auf den 12ten August fort, so oft es die Winde und die ungestümme See zuliessen. Diese Stadt, die auch Sousa oder Susa heißt, und die Haupt-Stadt einer Provinz gleiches Namens, ingleichem der Sitz eines Statthalters ist, auch ein Schloß und einen schönen Hafen hat, wo eine beträchtliche Handlung getrieben wird, wurde gänzlich eingeäschert; 340. Häuser wurden zu Grunde geschossen, ungefähr 100. beschädiget, 11. Oel-Magazine verbrannt, und eine grosse Menge Leute um das Leben gebracht, indem 900. (1100.) Bomben in den Platz geworfen waren.

Den

Den 13ten kehrte das Geschwader nach Tunis zurück, wo
es erst den 1sten Sept. anlangte. Bey dessen Ankunft wurde
der Herr Brodes von dem Französischen Consul Herrn Saljieue
benachrichtiget, daß sich der Bey schon den 25sten August entschlossen hätte, folgende vorläufige Artickel zu unterschreiben,
worauf der Consul Französische Geisel gab, und dagegen andere
von dem Bey empfieng, bis endlich den 14ten Sept. ein wirklicher
Friede auf eben diese Artickel geschlossen wurde.

*Der Bey sey ge-
neigtet, Frie-
den zu machen.*

I. Die zwischen beyden Nationen angefangene Feindseligkeiten werden von Seiten der Tunesiner von gedachtem Tage an ein-
gestellt; der Französische Befehlshaber wird die seinige einstellen,
wann er gegenwärtigen Waffen-Stillstand unterschreibt.

*Vorläufige
Artickel dieses
Friedens.*

II. Der Bey erkennt vollkommen und auf alle Zeiten die
Wiedervereinigung der Insel Corsika mit dem Königreich Frankreich, und macht sich verbindlich, noch vor dem Friedens-Schluß
alle Sclaven dieser Nation, die in Französischen Diensten und mit
Französischer Flagge gefangen und in sein Königreich abgeführt
worden sind, samt deren Schiffen und Habseeligkeiten mit einem
Verhältniß-mäßigen Ersatz zurück zu geben.

III. Dieser Fürst erneuert das Privilegium der Fischerey,
das die Königliche Afrikanische Gesellschaft hat, und verspricht
bis auf die oben genannte Zeit allen Schaden, so diese Gesellschaft
durch den Bruch des Vertrags und Zurückhaltung ihrer Schiffe
zugefügt worden ist, zu bezahlen.

IV. Er macht sich nicht weniger anheischig, zum Ersatz des
Antheils der Freybeuter und Reis der Tunesinischen See-Räuber,
den der König von Frankreich fordern möchte, und worüber sich
die Officiers zu beklagen haben werden, und wird gut für alles,
was sie für den in Corsika oder zur See den Franzosen zugefügten
Schaden zu bezahlen haben werden.

V. In Hofnung sein Verhalten gegen Sr. Majestät zu rechtfertigen, wird der Bey den König durch ein Schreiben bitten, den seinem Befehlshaber und Consul gegebenen Befehl, alle Kriegskosten von ihm zu fordern, zurück zu ruffen, und verspricht, wann diß geschehen seyn wird, einen Gesandten an Seine Majestät zu schicken, um Dieselbe zu bitten, ihm Dero Königliche Wohl-Gewogenheit angedeyen zu lassen, und das Vergangene zu vergessen; auch wird dieser Gesandte zu gleicher Zeit den Auftrag bekommen, den Artickel wegen der gedachten Kriegskosten in seinen Verhaltungs-Befehlen mit dem Minister in Richtigkeit zu bringen.

VI. Gleichwie von beyden Seiten die Feindseeligkeiten aufhören, so geben die obengenannte sich vergleichende Partheyen den eine Zeither ununterbrochenen Handlungs- und Friedens-Verträgen wiederum diejenige Rechte und Kraft, die sie vor der Kriegs-Erklärung hatten, und versprechen sie mit den Veränderungen und Zusätzen eines oder des andern Artickels, worüber man sich in Zukunft vergleichen möchte, zu bestätigen. Um jedoch allen Verzögerungen oder neuen Hindernissen des Friedens-Schlusses auszuweichen, so kommen sie miteinander überein, bloß diejenige wechselseitige Anforderungen zu erörtern, deren in diesem Vergleich Meldung geschiehet, und entsagen allen Ansprüchen, sie seyen darinnen erörtert oder nicht, an irgend etwas, das in gegenwärtigem vorläufigen Vergleich ausgelassen oder nicht enthalten ist, lassen auch hiemit von beyden Seiten alles, was vor demselben vorangegangen ist, fahren, als z. Ex. das Recht, die Titel, deren sie sich gegeneinander begeben, unter einigerley Vorwand wieder anzunehmen oder zu gebrauchen.

VII. Die während des Kriegs gemachte Beuten, ingleichem diejenige, so etwann aus Unwissenheit nach dem Friedens-Schluß gemacht worden seyn möchten, sollen unmittelbar

bar und ohne einigen Vorwand gemachter Unkosten zurückgegeben werden. Auch soll von diesem Tage an das Zutrauen und die Ordnung zwischen den Unterthanen beyder Nationen wieder hergestellt seyn, um ihre wechselseitige Verbindungen und Handlung untereinander ferner, wie vorhin, zu treiben.

VIII. Der Französische Befehlshaber wird nach seiner Ankunft auf der Rhede von Tunis die Sperre vor Tunis, wie auch vor den andern Häfen des Königreichs, aufheben, so bald der Bey sein Versprechen in Ansehung seiner Selbst, oder seiner Unterthanen, die in diesem Vergleich mitbegriffen sind, wird erfüllt haben. Ueberhaupt soll dieser Vergleich keiner Verzögerung oder Einschränkung fähig seyn, es wäre dann, daß durch den Friedens-Vertrag etwas abgeändert würde, der denselben mit der Hülfe GOttes bestätigen, und diese gegenwärtige vorläufige Artickel bekräftigen wird, welche aufgesetzt sind im Pallaste zu Bade von dem Herrn Bey und von dem Französischen Consul den 25sten August 1770.

Das Volk hatte an diesem Tage die Fahne an dem Französischen Pallast wieder aufgesteckt, die es zuvor heruntergerissen hatte. Der Bey ließ sie nochmals herabnehmen, und sagte: es käme den vornehmsten in der Regierung zu, sie wieder an ihren Ort zu setzen. Er that es auch selbst, und sein Tochtermann begab sich in Begleitung von 14. der vornehmsten Glieder der Regierung an Bord des Schiffs, worauf der Befehlshaber war, um den Vergleich zu unterzeichnen. Er wurde mit größter Pracht empfangen, und mit 21. Canonen-Schüssen begrüßt. Die Völker stunden im Gewöhr; er speiste auf der Gallerie, wo eine grosse Fahne aufgepflanzt war, zu Mittag, und trank während des Essens bey Ablösung des Geschützes auf die Gesundheit

G 2 des

des Königs und des Bey. Gleich darauf befahl der Herr Broves, die Sperre vor den Häfen Farina und Biserta aufzuheben, welche gleiches Schicksal mit Souza gehabt haben würden, wann nicht Friede gemacht worden wäre. Der Capitain Broves schickte hierauf das Schiff Atlande mit den vorläufigen Vergleichs-Articeln nach Toulon ab, von da es mit der Genehmigung wieder nach Tunis zurück kam. Zwey und dreyßig Corsischen Sclaven, die mit Pässen von der Französischen Admiralität gefangen worden waren, wurde die Freyheit geschenkt, allein diejenige, so blosse Pässe von dem General von Marbeuf oder andern Französischen Officiers hatten, wollte der Bey nicht zurück geben. Wegen dieser und anderer alten Corsischen Sclaven wurde ein neuer Vergleich auf das Tapet gebracht. Der Tunesische Gesandte gieng auf einem Englischen Schiff nach Marseille, und das Französische Geschwader kehrte nach Toulon zurück, um daselbst zu überwintern.

Algier von einem Dänischen Geschwader beschossen.

Also endigte sich die Unternehmung wider Tunis, allein die Dänische wider Algier lief nicht so glücklich ab. Es legten sich den 1sten Julii 4. Schiffe von der Linie auf der Rhede dieser Stadt vor Anker, und hielten sich daselbst den ganzen Tag auf, um zwey Fregatten, zwey Bombardier-Galeotte, und vier Fracht-Schiffe zu erwarten, die den folgenden Tag nach kamen. Den 3ten liefen alle diese Schiffe in Bucht ein, wo sie sich vor Anker legten, und auf dem obern Mittel-Mast des Admiral-Schiffs weise Flagge ausstecten. So bald der Bey solches hörte, so schickte er den Französischen Consul mit dem Hafen Meister ab, die wahre Absicht dieses Geschwaders zu erfahren. Der Admiral Kaas antwortete ihnen: sein Herr der König von Dänemark verlangte Frieden mit den Algierern auf die in dem Packet, das er übergab, ausgedruckte Bedingungen, wovon die erste war, alle Sclaven samt den 3. Dänischen Schiffen, die neuerdings weggenommen worden wären, zurück zu geben, und alle Unkosten der gegenwärtigen Kriegs-Rüstung zu bezahlen.

Nachdem dieses Packet dem Bey übergeben war, so befahl er, daß alle Türken, Juden und andere Nationen des Platzes also bald das Geschütz auf die Laterne bringen sollten, welches auch geschahe. In der Nacht vom 4ten auf den 5ten fiengen die Algierer an, Bomben auf das Dänische Geschwader zu werfen, allein sie zersprangen alle in der Luft, ohne den Schiffen einigen Schaden zu thun. Sie liessen hierauf die Canonen spielen, allein die schlechte Beschaffenheit des Pulvers benahm dem Canonen-Feuer alle Würkung. Die Schiffe antworteten mit ihrem Geschütz, aber ohne etwas auszurichten.

Den 5ten ließ der Admiral die Bombardier-Schiffe von der Abend-Seite der Stadt anrücken, und die 4. Schiffe von der Linie stellten sich in Ordnung, sie zu unterstützen. Auch die Algierer rüsteten in der Eil einige Galeotten oder Galeeren aus, die Bombardier-Schiffe zu überfallen, allein die Stellung der Linien-Schiffe machte ihr Vorhaben bald zunichte.

In der Nacht vom 6ten auf den 7ten fiengen die Bombardier-Schiffe wieder an zu feuren, und den Tag über wurde auf die nemliche Weise mit dem samtlichen Geschütz fortgefahren, als auf einmal so heftige Winde ausbrachen, daß sie die See äusserst ungestümm machten. Der Admiral sahe sich bey solchen Umständen genöthiget, sich zurück zu ziehen, um so mehr, da er viele Kranke an Bord hatte, und die Bombardier-Galeotten, weil sie allzuleicht waren, nicht wenig beschädiget wurden. Das Dänische Geschwader seegelte also nach Mahon auf der Insel Minorka, um sich ausbessern zu lassen, und Kaas schickte den Schiffs-Lieutenant und General-Adjutanten des Königs, Grafen von Molke, über Toulon ab, Sr. Maj. von diesem Vorfall Nachricht abzustatten, und um eine Verstärkung von 2. Kriegs-Schiffen und einem Bombardier Schiff zu bitten, welche sogleich bewilliget wurden.

den. Da jedoch der Dänische Hof mit der Aufführung des Admirals nicht zufrieden war, so wurde er von dem König zurück beruffen, und von einem andern Befehlshaber abgelöst.

Die Unternehmungen der Franzosen und Dänen wider Tunis und Algier hatten diese See-Räuber genöthiget, von ihren gewöhnlichen See-Räubereyen abzustehen, um ihr eigenes Land zu vertheidigen. Man hörte daher aus den Gewässern von Italien nichts von Wegnehmung vieler Schiffe, welches die Ruhe, worinn sich dieser schöne Theil von Europa befand, desto vollkommener machte. Rom war in Freuden über dem mit Portugall erfolgten Vergleich; die Kanzley hatte sogleich grosse Vortheile davon empfunden, und der Pabst hat denselben den 6ten August in einem versammleten Consistorium durch seine Anrede dem heiligen Collegium zu wissen gethan. Der Ertz-Bischof von Evora, Herr Johann Cosimus von Cunha, regelmäßiger Chorherr von St. Salvator, der den 2cten Oct. 1715. zu Lisabon gebohren war, wurde hiernächst auf geschehenen Vorschlag des Allergetreuesten Königs zum Cardinal ernannt, auch wurden die übrige neue und ledige Bißthümer des Königreichs Portugall besetzt, aus welchem immer angenehmere Nachrichten von den besondern Gunst- und Ehren-Bezeugungen einliefen, die dem Päbstlichen Nuntius Monsignor Conti widerfuhren. Die Freude wurde jedoch zum Theil durch einen in der That ausserordentlichen Zufall versalzen, welcher wichtige Folgen hätte haben können, wann nicht kluge Gegen-Anstalten gemacht worden wären, und der wegen seiner sonderbaren Umstände eine genauere Beschreibung verdient.

Vollkommene Ruhe in Italien.

Neuer Cardinal.

Empörung der Ruderknechte zu Civita-Vecchia.

In der Nacht vom 24sten Aug. faßten die Ruderknechte der 3. Päbstlichen Galeeren, welche damals in dem eingeschlossenem Hafen zu Civita-Vecchia lagen, da indessen die zwo andere in dem mittelländischen Meer kreuzten, einmüthig den Anschlag, sich in Freyheit zu setzen; allein die gischwinde und schickliche Vorsicht samt den nachdrücklichen Anstalten des Herrn Schloß-

Haupt-

Hauptmanns und Commendators Origo, und des Herrn Ritters von Blacas Carros Befehlshabers dieses Platzes und der dortigen Besatzung machten ihren Versuch zu nichte.

Um ½. auf 1. Uhr in der Nacht hörte man nach einem Pistolen-Schuß ein starkes Geräusche von Eisenwerk, und ohnerachtet sogleich von den Wachen des Hafens mit Flinten, ja selbst mit Canonen, Feuer gegeben wurde, so glückte es doch dem aufrührischen Gesinde, aus den Galeeren zu steigen, und besten Fuß an das Land zu setzen, nachdem sie die Matrosen und andere Leute von der Wache zerstreuet hatten.

Der Befehlshaber über das Kriegswesen ließ sogleich Sturm schlagen, um die sämmtliche Völker und Stadt-Soldaten zu versammlen, und ertheilte durch die Schaarwachen in der ganzen Stadt Befehl, man sollte nicht nur die Lichter vor den Fenstern, sondern auch Fackeln und Tonnen und Faschinen auf dem Platz anzünden, welches in einem Augenblick geschahe. Nachdem die Soldaten beysammen waren, zu welchen auch der Herr Ritter von Pallastron mit seinem Schiffs-Volk, dessen Ober-Befehlshaber er ist, kam, so vertheilte sie der Herr Ritter von Carros mit der besten Ordnung an alle diejenige Oerter, wodurch die Aufrührer hätten entfliehen oder in die Stadt eindringen können.

Allein diese, ohne sich die gedachte Kriegs-Anstalten abschröcken zu lassen, oder das Canonen- und Flinten-Feuer zu achten, suchten die Thore des Cappuciner-Closters, die Magazine und Mauren durchzubrechen, und sich mit eisernen Schaufeln, Pickeln, Aexten und Schlegeln einen Weeg in die Stadt zu bahnen, zu welchem Ende sie bereits in der Grotte der Matrosen ein Loch in die Maure des Cortins der Vestung gemacht hatten, um in den äussern Wahlgang einzubringen, und über die Mauren zu steigen.

Da der Herr Ritter von Carras sahe, daß sie das Feuer, so beständig auf sie gemacht wurde, nicht abschröckte, und daß ihnen in den Magazinen und in der Grotte nicht wohl beyzukommen wäre, so bediente er sich des sichersten Mittels, nemlich der Granaten, und ließ durch die Mauer das Gewölbe der Grotte öfnen, und einige Granaten durch die Oefnung hinein werfen, welche die Aufrührer dergestalt erschröckten, daß sie überlaut um Gnade und Verschonung baten, und versprachen, jeder zu seiner Galeere und Ketten zurück zu gehen, wie um 6½. Uhr wirklich geschahe.

Es blieben bey diesem Aufstand sieben Ruder-Knechte, und ein und zwanzig wurden verwundet, von welchen drey gleichfalls starben.

Die hierbey von den gedachten Herren Officiers und Rittern bewiesene Erfahrung und Sorgfalt kan nicht genug gerühmt werden.

Die vier vornehmste Rädelsführer der Zusammen-Verschwörung wurden zum Tode verdammt, aber nachmals von dem heiligen Vater begnadiget, und bloß wieder auf ihre Galeeren gebracht.

Fruchtbare Zeiten im Kirchen-Staat.

Clemens XIV. der glorwürdig regierende Pabst war hiernächst unermüdet darauf bedacht, was zum Besten seines Volks gereichen könnte. Die göttliche Vorsehung segnete seine genommene Maasregeln, daß in dem ganzen Kirchen-Staat der Ueberfluß herrschte, und die Erndte war in diesem Jahr so reichlich, daß die Romaneser so gar an Frankreich Getreyde überlassen konnten.

Allerhand nützliche Anstalten des Pabsts.

Er bereicherte neuerdingen das neue Clementinische Musäum; er erlaubte anständige Schauspiele zu Rom, ließ hingegen diejenige, so sich unterstünden, Hazard-Spiele zu spielen, scharf bestraffen, verbot allen und jeden Messer zu tragen, befahl den Soldaten in ihren Quartieren zu bleiben, und drohete ihnen mit schwe-

schweren Straffen, wann sie sich in den Weinschencken den Gerichts-Dienern wiedersetzten, und schafte den Armen, welche von den ungewöhnlichen Ueberschwemmungen der Tiber und anderer Flüsse Schaden litten, Hülfe, wobey merckwürdig ist, daß zu gleicher Zeit, als die Baum-Früchte in gantz Italien durch die starke Regen verderbt wurden, die Einwohner in Apulien wegen der Trockenheit des Erdreichs die Hofnung zu einer reichen Oel-Erndte aufgaben, weil die Oel-Bäume gantz ausgetrocknet waren. Die Auferziehung der Jugend lag dem wachsamen Pabst vornehmlich am Herzen, und Commacesio erfuhr eine besondere Probe der Freygebigkeit seines Fürsten, indem er daselbst eine hinlängliche Summe Geldes zur Unterhaltung und Auferziehung einer gewissen Anzahl junger Leute aussetzte, und ein besonders Haus für arme Mädgen, wie auch einen Hospital für andere Arme stiftete. Zu gleicher Zeit machte Klemens der XIV. allerhand neue Einrichtungen in seinem Hof-Staat, um die Ausgaben zu verringern, und sich durch eine weise Haushaltung in den Stand zu setzen, andere Dinge zu unternehmen, die dem Publikum nützlich seyn könnten, zu welchem Ende er Befehl gab, die von seinem Vorfahrer in dem Herzogthum Urbino und in dem Ferraresischen gekaufte Güter wieder zu verkauffen.

Im September sahe der Pabst sein Verlangen erfüllt, und erndtete nunmehr die Früchte seines vorsichtigen und weisen Betragens ein, da zu Rom die Nachricht von Wieder-Eröfnung der Nuntiatur in Portugall und von der völligen Wiederherstellung des guten Vernehmens zwischen diesem Hof und dem heiligen Stuhl einlief. Der Pabst that diese feyerliche Nachricht dem heiligen Collegium in einem neuen Consistorium zu wissen, befahl deswegen in gantz Rom Feyerlichkeiten anzustellen, und stimmte selbst in der Hauptkirche der 12. Apostel, die zu dem Ende auf das Prächtigste ausgeschmückt war, ein feyerliches Te Deum an; auch nahm dem Vergleich zufolge der Königlich-Portugiesische Expeditions-Secretair das nihil transeat aus

Feyerlichkeiten zu Rom wegen Wiedereröfnung der Nuntiatur in Portugall.

58 Geschichte des Kriegs zwischen Rußland,

den Kanzley = Büchern weg, um in Zukunft allen Ausfertigun-
Abermalige gen ihren freyen Lauf zu lassen. Vierzehen Tage zuvor hatten
neue Kardi- Seine Heiligkeit ein anders Consistorium gehalten, worinn der
näle. Ober = Hofmeister Monsignor Johann Baptista Rezzonico und
der Obrist= Kämmerer Monsignor Scipio Borghehr, Erz-
Bischoff von Theodosia, der erste mit dem Titel eines Diaco-
nus von St. Nicolaus, und der ander mit dem heiligen Creutz
zu Jerusalem, zu Kardinälen ernannt wurden. Auch wurde
der Kardinal bekannt gemacht, den der Pabst seit den 29. Jenner im Herzen behalten hatte, nemlich Monsignor Maria
Marefaschi, der den Titel von St. Augustin bekam, und welchem der Pabst selbst in einer Rede an das heilige Collegium
vorzügliche Lobsprüche beylegte, als der vieles zu dem guten
Ausgang der Unterhandlungen wegen Beylegung der noch ob-
waltenden Streitigkeiten mit den Bourbonischen Höfen bey-
getragen hatte.

Tod der Kar- Man erwartete zu Rom eine noch größere Beförderung;
dinäle Neri besonders da im December die Kardinäle Neri, Corsini und
Corsini und Conti zu ihrer Ruhe giengen, indem nunmehr 15. Kardi-
Conti. nals = Hüte erlediget waren, allein der Pabst ernannte den 12.
dieses Monats nur zween, und behielt diese in seinem Herzen.
Unterhand- Was die allgemeine Neu = Begierde mehr beschäftigte, das war
lungen wegen das Schicksal der Jesuiten, diejenige so aus Spanien ver-
Unterdrü- trieben worden waren, erhielten jederzeit pünctlich die ihnen
ckung der Je- von dem Katholischen Monarchen großmüthig zugestandene Ge-
suiten. halte, der jedoch immer auf die Unterdrückung der ganzen
Gesellschaft drang, da indessen die Unterhandlungen wegen
Wieder = Eröfnung der Nunziatur in Spanien beständig fort-
gesetzt wurden. Zu gleicher Zeit betrieb der Pabst die Sache
wegen Aufnehmung des ehrwürdigen Palafox unter die Heiligen, eine Sache, die zu vielen Schriften pro und contra
Anlaß gaben, besonders so lange die letzte Bewegungen wegen
der Jesuiten dauerten.

Während

Während daß an einem Vergleich mit den Königlich-Bourbonischen Höfen gearbeitet wurde, so schafte der Hof zu Neapel nach dem Ausspruch der Königlichen Kammer von St. Clara die Römische Canzley-Ordnungen in seinen beyden Königreichen völlig ab, und befahl, man sollte die Schreiben, welche von dem heiligen Stuhl kämen, und die gedachte Ordnungen beträffen, nicht weiter vollziehen. Es wurden auch andere weise Verordnungen gemacht, um den übermäßigen Anwachs des Vermögens der Klöster und Kirchen zum allgemeinen Nutzen je mehr und mehr einzuschränken. Durch eine andere Verordnung befahl der König beyder Sicilien, daß in Kaufhändeln und besonders Wechsel-Sachen auch die Geistliche von den Layen-Gerichten gerichtet werden sollten, was jedoch die Vollstreckung ihrer Aussprüche wider die schuldhafte Geistliche anbelangte, so sollen sie sich an die Bischofs-Höfe wenden, und wann sich diese weigerten, solches zu thun, dem König davon Nachricht geben, der sodann weiter die nöthige Maaßregeln ergreiffen werde.

In beyden Sicilien werden die Römische Canzley-Ordnungen abgeschaft.

Andere Verordnungen in geistlichen Sachen.

Die Rußische Schiffe, welche aus dem Archipelagus zurückkamen, wurden nach der vorgeschriebenen Anzahl zu Messina und in andern Häfen von Sicilien angenommen, doch mußte die Mannschaft 40. Tage Quarantaine halten, welcher sich auch der Graf Theodor von Orloff unterwerfen mußte. Dieses Königreich wurde, gleichwie auch Calabrien im Monat Julius mit wiederholten und starken Erd-Stössen heimgesucht; Doch war der Schrecken in dem erstern größer, als der durch den Umsturz der Gebäude angerichtete Schade. Desto größern Schaden litte Calabrien, durch das beständige starke Regenwetter, wodurch alle Felder verwüstet wurden. Dessen ohngeachtet konnte auch das Königreich Neapel in diesem Jahr eine große Menge Getreydes an auswärtige Nationen überlassen. Die Neutralität wurde in beyden Sicilien, gleichwie auch auf der Insul Malta, genau beobachtet.

Rußische Schiffe in Sicilien.

Erdbeben in Sicilien.

Anhaltende Nässe.

Ueberfluß an Getreyd in Neapel.

Neutralität des Malteser-Ordens.

Großmeister fuhr fort, den Rußischen Schiffen Erfrischung zu geben, ohne ihnen jedoch andern Vorrath zu liefern, noch viel weniger eine Zuflucht daselbst zu verstatten, ohngeachtet wiederholtermalen ernstlich darum angesuchet wurde. Die Maltesische Galeeren kehrten nachdem sie den Franzosen bey ihrer Unternehmung wider Tunis beygestanden, und wider die barbarische Seeräuber, auch in dem Archipelagus gekreutzt hatten, wo sie sich zu gleichem Endzweck beständig, auch der Ritter von Sade mit zwey Fregatten und den Schebecken des Allerchristlichsten Königs aufhielt, nach Hause zurück. Im December langten die 86. Algierische und Saletinische Sclaven, die ein Rußisches Kriegs-Schiff auf einem Französischen Schiff und im Angesicht einer Schebecke dieser Nation weggenommen hatte, und die von dem Grafen Alexius von Orloff dem Großmeister verehrt worden waren, um dieselbe um eben so viele christliche Sclaven auszuwechslen, zu Malta an. Allein, der König von Frankreich, welcher behauptete, daß es keine rechtmäßige Leute wären, forderte die gedachte Sclaven zurück, und indem wir dieses schreiben, so hören wir, daß sie zurück gegeben werden sollen. Der Orden zu Malta machte mit Bewilligung des Papsts einen sehr löblichen Gebrauch von den Gütern der auf dieser Insel vertriebenen Jesuiten, und verwandte sie zur Stiftung einer Universität, zu derem Besetzung die gelehrteste Männer von Rom dahin giengen.

Die dem Großmeister von dem Grafen Alexius von Orloff verehrte Sclaven werden von Frankreich zurückgefordert.

Errichtung einer Universität auf der Insel zu Malta.

Die Toscanische See-Häfen zogen vom Krieg zwischen Rußland und der Ottomanischen Pforte die beträchtlichste Vortheile. Die Moscowitische Schiffe, so sich daselbst aufhielten, verwendeten sehr vieles Geld, sich ausbessern zu laßen, und mit allerhand Kriegs- und Mund-Vorrath zu versehen. Auch sahe man zu Livorno die zwo Fregatten, die zu Perto Re erbaut, und von Ihrer Kayſ. Königl. Majestäten dem Groß-Herzog verehret worden waren. Dieser regierende Prinz war mit seiner Gemahlin der Groß-Herzogin zu Wien, bis

Vortheile der Toscanischen See-Häfen von dortigen Aufenthalt der Rußischen Schiffe.

Wiederankunft des Großherzogs

in

Polen und der Ottomannischen Pforte.   61

in dem November, da sie von der Kayserin Königin und der gesamten Kayserlichen Familien mit zärtlichen Thränen Abschied nahmen, und ganz incognito durch das Gebiet der Durchlauchtigsten Republik Venedig reyßten, in dessen Hauptstadt sie sich vier Tage aufhielten, und diejenige Ehrenbezeugungen empfiengen, welche ihr incognito zu ließ. Den 22sten langtem sie zu Florenz an, wo sie ein Egyptisches Pferd und zwo weise Türkinnen antrafen, welches erstere dem Groß-Herzog und die andere den Groß-Herzogin, von dem Grafen Alexius von Orloff zum Geschenke überschickt wurden. Auch Toscana litte im October großen Schaden durch die starke Ueberschwemmungen, besonders zu Pisa, wo der Arno-Fluß aus seinen Ufern trat, und dieser Stadt ein großes Unglück drohete. In den letzten Tagen des Jahrs spürete man zu Florenz gleichfalls einige wiederholte, obgleich geringe Erd-Stöße, und den 30sten December entließ der Groß-Herzog den Grafen Franz Orsini von Rosinberg, welcher bisher dem Staats-Kriegs- und Finanz-Wesen vorgestanden war, worauf diese Stelle in verschiedene besondere Stellen vertheilt wurde, wozu der Groß-Herzog die fleißigste Personen ausersahe, welcher hiernächst gewisse Tage in der Woche bestimmte, da sich alle Unterthanen ohne einigen Widerstand seiner Person nähern, und ihm ihre Bittschriften mit eigener Hand überreichen durften.

hliche Ehe Paars zu Florenz

Veränderung in dem dortigen Ministerium

In Corsica sahe es nicht so ruhig aus, wie in dem übrigen Italien, indem die Partheyen der Mißvergnügten und Banditen noch immer den Französischen Völkern vieles zu schaffen machten. Da sie auf ihren Gebürgen allezeit eine leichte und sichere Zuflucht fanden, so streiften sie so gar bis vor die Vestungen, also, daß die Französische Officiers nicht einmal ausser den Vestungs-Werkern spazieren gehen konnten, ohne Gefahr angegriffen zu werden. Das schlimste hiebey

Fortdauren-de Unruhen in Corsica.

hiebey war, daß auf solche Weise die Straßen nach Bastia so unsicher wurden, daß die Abgeordnete der Provinzen und Pieven nicht einmal frey dahin kommen konnten, um daselbst die angezeigte National-Versammlung zu halten. Um diesem Unwesen zu steuren, so befahl der Oberbefehlshaber der Insel Graf von Marbeuf den Besatzungen zu Ajaccio, Calvi und St. Florenzo, gegen die Geburge auszuziehen, und er selbst gieng mit 500. Soldaten von Bastia dahin ab. Diese verschiedene Haufen kamen bis an die Berge, einige erstiegen auch die Gipfel derselben, und machten verschiedene bewafnete Corsen zu Gefangenen, allein sie wurden durch Krankheiten und durch die Lage der Oerter, die sie überstiegen mußten, um die Aufrührer auszurotten, genöthiget, in ihre Vestungen zurück zukehren. Ob nun gleich die Unternehmung des Grafen von Marbeuf nicht die gewünschte Würkung hatte, so wurde doch dardurch die Zusammenkunft der Versammlung erleichtert, die den 15. September ihren Anfang nahm.

National-Versammlung. Es kamen darzu die abgeordnete der Welt- und Ordens-Geistlichen, die Abgeordneten der Provinzen nebst den Ober-Vicarien von Mariana und Alesia, ingleichem die Bischöfe von Ajaccio, Nebbis und Sagona, samt den Französischen Commissarien. Der Graf von Marbeuf und der General-Aufseher Herr Cardon eröfneten die Sitzung mit zwo schönen Reden, worinnen sie den Corsen den Vortheil zu Gemüth führten, den sie davon hätten, daß sie unter die Herrschaft des allerchristlichsten Königs gekommen wären; und es wurde beschlossen dem König 100000. Livres für den Accis des verflossenen Jahres 1769. zu bezahlen, und die Corsicanische Gesetze, jedoch mit Hinzusetzung einiger Gesetze auf Französischen Fuß, beyzubehalten; auch wurde die Art und Weise bestimmt, wie die Notarien ihre Schriften einrichten, und wie weit sich die Gerichtsbarkeit der Land-Beamten

Beamten erstrecken sollte. Man setzte fest, daß niemand ein Edelmann seyn könnte, der nicht einen Adel von 200. Jahren her bewiese; daß Anverwandte im zweyten Grad heyrathen dürften, daß die Anverwandte der Verwiessenen im dritten Grad nicht belästiget, und die Verwiessene, die wieder zuruck beruffen wurden, freygesprochen werden sollten. Man verordnete, daß die Richter und Sachwalter, weil sie Besoldung von dem König hätten, nichts von den streitenden Partheyen fordern, daß die Lehen-Leute die Urkunden über ihre Güter zu deren Untersuchung vorweisen, und ein jeder zu gleichem Entzweck ein Verzeichniß seiner Güter liefern sollte. Man legte einen Zoll auf die Ein- und Ausführung gewisser Waaren; man führte das Stempel-Papier zum öffentlichen und besondern Schriften ein; die Last, die Strassen zu machen, wurde den Gemeinen überlassen; auch wurden noch andere ökonomische Einrichtungen gemacht, und endlich zwölf Bevollmächtigte der Nation, nemlich, vier jenseits, und acht disseits der Gebürge, wie auch die drey Abgeordnete, die sich nachmals im Namen aller Corsen zu ihrem neuen König nach Versailles begaben, erwählt.

Die von Beyden Häuptern der Französischen Regierung in Corsica gehaltene Reden wurden jedoch, wie alle Unternehmungen der gedachten Regierung, von einigen sehr getadelt. Es gieng ein kleines Werk in Quart von wenigen Seiten, aber sehr freyen Ausdrücken herum, worinnen der Verfasser die äusserste Verwegenheit hatte, den Französischen Befehlshabern allerley Beschuldigungen aufzubürden, und die Absichten des Hofs in einem sehr verhaßten Gerichts-Punct darzustellen.

Nachricht von einer gewissen Schrift die Corsicanische Angelegenheit betreffend.

Diese und andere Schriften samt den künstlich ausgesonnenen Gerüchten, daß sich eine gewisse Macht noch Mühe geben würde, die Corsen wieder in Freyheit zu setzen, hielten

hielten die Mißvergnügte beständig in den Waffen, welche ihre Unordnungen so weit trieben, daß einige das Haus des Obristen Buttafusco, welcher allzeit die Parthey der Franzosen gehalten hatte, zerstöhrten, und etliche seiner Anverwandten umbrachten. Der Graf von Marbeuf befahl daher durch ein Edict vom 25. September daß alle Mütter, Weiber, und Töchter derjenigen Corsen, die sich nach Toscana oder anderswohin geflüchtet hatten, weil sie noch immer die Parthey des Paoli hielten, innerhalb eines Monats sich zu ihren Vättern, Männern und Söhnen verfügen sollten, in der Absicht, auf solche Weise einen Brief-Wechsel abzustellen, der dem Königreich nachtheilig wäre, und ihnen denjenigen Unterhalt zubenehmen, der ihnen von Anverwandten, welche auf der Insel wohnten, geliefert wurde.

Begebenheiten in dem Genuesischen, Mayländischen, Venetianischen und andern Welschen Staaten.
Von der Genuesischen Herrschaft war in Corsika keine Spur mehr zu sehen, indem die Franzosen alle Zeichen derselben weggeschaft hatten. Diese Republick machte einige neue Einrichtungen wegen der Ordens-Geistlichen; ließ alle ihre Gefängnisse in dem ganzen Gebiet niederreißen, und schrieb diejenige Fälle vor, in welchem es den Vorstehern der Klöster erlaubt seyn sollte, eine angeklagte Person in einem Zimmer verschlossen zu halten, bis sie der weltlichen Obrigkeit Nachricht davon gegeben hätten. Auch kamen zu Genua andere 129. vertriebene Jesuiten aus den entferntesten Spanischen Ländern in America an.

Die Regierung zu Mayland unterdruckte gleichfalls im Monat Julius sieben kleine Klöster in diesem Herzogthum; auch wurde eine allgemeine Veränderung in Absicht auf die Finanzen vorgenommen, welche künftighin nicht mehr auf Rechnnng der Pachter, sondern auf Rechnung des Hofs selbst gehen sollten.

Es traf hiernächst das neue Feld-Geschütz von Wien ein, womit, nach einer neuen Einrichtung, jedes Oesterreichische Regiment beständig versehen seyn, und dasselbe mit sich führen solle. Die Carthäuser-Geistliche bey Pavia setzte die Kayserinn Königinn wieder in den Besitz ihrer Güter, schrieb ihnen aber gewisse Regeln vor, und befahl, daß sie die Vermächtnisse zu jährlichen Almosen an verschiedene Armen-Häuser und Hospitäler dieses Herzogthums abgeben sollten.

Auch in andern Staaten kamen neue Verordnungen wegen der Ordens-Geistlichen heraus. Die Durchlauchtigste Republick Venedig wieß denen sämtlichen Klosters-Leuten eine bestimmte Summe Geldes zu ihrem Unterhalt an, unterdruckten 18. Dominikaner- und 12. Carmeliter-Kloster, und setzte die Anzahl der Benedictiner vom Berg Cassino auf hundert und sechzig Personen, nehmlich hundert und neunzehen Priester und Ordens-Geistliche, und ein und vierzig Layen; verbot den Eremiten und andern Müßiggängern in ihrem ganzen Gebiet das Betteln, und machte allerhand wichtige Verfügungen in Ansehung der geistlichen Pfründen, um auf solche Weise ihr Patronat-Recht samt den wohlhergebrachten Rechten des Venetianischen Patriarchats, der Prälaten, des Doge und der Unterthanen zu behaupten.

Der Königliche Infant und Herzog von Parma verlangte von den Klöstern und Brüderschaften seines Staats ein Verzeichniß ihrer Güter, und des Gebrauchs, den sie davon machten, und verordnete, daß man der weltlichen Obrigkeit genaue Nachricht geben solle, was ein jeder Bruder bey seinem Tod hinterliesse, ingleichem wie viele fremde Geistliche in einem Jahr durchgereißt wären, und wie lang sie sich aufgehalten hätten.

Die Gemahlinn des Herzogs, Amalia, gebohrne Erz-Herzoginn von Oesterreich, gebahr den 22ten November eine Prinzeßinn zur Welt, welche die Namen Carolina, Theresia, Josepha, Maria, Louise, Vicenza, Lucilia erhielt, und die Kayserinn Königinn und den Catholischen König zu Tauf-Pathen hatte.

Der Hof zu Modena unterdrückte gleichfalls die Augustiner Geistliche zu Carrara und setzte ihre Einkünfte zur Unterhaltung eines neuen Seminariums aus. Die Abtey der Rocchettiner wurde in eine Collegiat-Kirche verwandelt, und die Geistliche deswegen entlassen. Auch die Republick Lucca hob das Kloster der regelmäßigen Chor-Herren zu Gregionara auf.

Der König von Sardinien erhielt von dem Pabst ein Breve, die Einkünfte einer reichen Abtey, worüber der König das Patronat-Recht hat, wie auch verschiedene erledigte Besoldungen, die auf andere Abteyen und Pfründen in seinen Staaten hafteten, zur Universität zu Turin zu verwenden. Der Herzog von Chablais besichtigte im September, auf Befehl seines Vaters, des Königs, alle Vestungen in den Staaten Seiner Majestät, und den 9ten December wurde von dem König die Vermählung der Prinzeßinn von Savoien mit dem Grafen von Provence förmlich bekannt gemacht, zu welchem Ende zu Turin und Paris die prächtigste Zurüstungen veranstaltet wurden.

Mit diesen Kriegs- und andern Begebenheiten wurde das Jahr 1770. beschlossen, und man konnte voraus sehen, daß sich auch im folgenden die wichtigste Auftritte ereignen würden. Zum Frieden war keine Hofnung vorhanden, worauf man sich hätte verlassen können; vielmehr bedroheten die Händel zwischen Spanien und Engelland wegen der Falkländischen

dischen Insel, und die ausserordentliche Kriegs-Rüstungen des Wiener-Hofs Europa mit neuen Kriegen. Die innerliche Streitigkeiten der Engelländer, die Parlaments-Händel in Frankreich, die noch fortdaurende Zwistigkeiten zwischen dem heiligen Stuhl und den Königlich-Bourbonischen Höfen, die verlangte Unterdrückung der Gesellschaft JEsu; diese und andere Umstände bestärkten die allgemeine Erwartung wichtiger Begebenheiten im Jahr 1771. worauf jedermann begierig war, und deren Geschichte wir aufs genaueste beschrieben werden.

Ende des Eilften Theils.